AI와 지속 가능성

AI문고

인공지능 시대입니다. 기계가 인간의 인지를 대신하고, 사물이 인간을 통하지 않고 다른 사물과 직접 커뮤니케이션합니다. 이에 따른 인간 삶과 문명 변화를 정확히 이해·예측·대응하는 것은 이 시대 우리 모두의 과제입니다. AI문고는 인공지능 기술과 환경의 여러 주제를 10가지 키워드로 정리합니다. 관련 개념과 이론, 학계와 산업계의 쟁점, 우리 일상의 변화를 다룹니다. 인간과 기술의 현재, 미래를 세심히 분석합니다.

일러두기

- 인명, 작품명, 저서명, 개념어 등은 한글과 함께 괄호 안에 해당 국가의 원어를 병기했습니다.
- 외래어 표기는 현행 어문규정의 외래어표기법을 따랐습니다.
- 자료 조사와 검증, 문장 수정에서 생성형 AI를 활용하였습니다.

처음이세요?

전문가세요?

AI와 지속 가능성

하두진

대한민국, 서울, 커뮤니케이션북스, 2025

AI와 지속 가능성

지은이 하두진
펴낸이 박영률

초판 1쇄 펴낸날 2025년 3월 24일

커뮤니케이션북스(주)
출판 등록 2007년 8월 17일 제313-2007-000166호
02880 서울시 성북구 성북로 5-11
전화(02) 7474 001, 팩스(02) 736 5047
commbooks@commbooks.com
www.commbooks.com

ISBN 979-11-7307-864-4 03500

책값은 뒤표지에 표시되어 있습니다.

차례

디지털 시대의 스토리텔러 AI

우리는 지금 역사적 변곡점에 서 있다. AI는 더 이상 실험실의 기술이 아닌, 우리의 일상을 근본적으로 재편하는 현실이 되었다. 특히 2024년을 기점으로 생성형 AI의 폭발적 성장은 기술의 혜택과 함께 예상치 못한 도전 과제들을 수면 위로 끌어올렸다. 과연 우리는 이 기술을 제대로 통제하고 있는가? AI가 제기하는 근본적인 도전들을 정확히 인식하고 있는가? 이제 우리는 AI 시대의 불편한 진실들과 마주해야 한다. 이 책은 AI 발전의 이면에 존재하는 위험과 도전 과제들을 체계적으로 분석하고, 지속 가능한 발전을 위한 해법을 모색하고자 한다.

통제되지 않는 힘: AI 권력의 집중

AI 기술과 데이터의 힘이 소수의 거대 기업들에게 집중되면서 새로운 형태의 권력 구조가 형성되고 있다. 구글(Google), 메타(Meta), 마이크로소프트(Microsoft)와 같은 빅테크 기업들은 이제 단순한 기업을 넘어 국가의 권한마저 위협하는 수준의 영향력을 가지게 되었다. 이들은 전 세계 AI 인재의 80% 이상을 고용하고, 핵심 컴퓨팅 자원의 90%를 통제하며, 가장 방대한 규모의 데이터를 보유하고 있다.

특히 우려되는 것은 이러한 권력 집중이 민주적 통제 밖에서 이루어지고 있다는 점이다. AI 시스템의 의사 결정 과정은 대부분 블랙박스 속에 감춰져 있으며, 그 영향력은 점점 더 광범위해지고 있다. 예를 들어, 페이스북(Facebook)의 뉴스 피드 알고리즘은 전 세계 여론 형성에 막대한 영향을 미치지만 그 작동 원리는 철저히 비밀에 부쳐져 있다.

이러한 권력 집중은 시장 경제의 근간도 위협한다. AI 기술의 특성상 승자 독식 현상이 강화되면서 신생 기업들의 시장 진입은 점점 더 어려워지고 있다. 이는 기술 혁신의 둔화로 이어질 수 있으며 궁극적으로는 소비자 선택권의 제한과 경제적 불평등 심화를 초래할 수 있다.

우리는 이제 AI 권력을 어떻게 통제할 것인가에 대한 시급한 해답을 찾아야 한다. 이는 단순한 기술 규제의 차원을 넘어 디지털 시대의 새로운 민주적 거버넌스를 구축해야 하는 과제다.

윤리의 실종: AI 상업화의 그림자

AI 기술의 급격한 상업화는 윤리적 가치와 이윤 추구 사이의 근본적인 충돌을 만들어 내고 있다. 2023년 말 오픈AI(OpenAI)의 내분 사태는 이러한 딜레마를 상징적으로 보여 준 사건이었다. 비영리 연구 기관으로 시작한 오픈AI가 수익성을 추구하는 과정에서 겪은 내부 갈등은 결국 우리 사회가 직면한 AI 윤리의 본질적 문제를 드러냈다.

이러한 윤리적 딜레마는 이제 일상이 되었다. AI 기업들은 윤리적 가이드라인을 제시하면서도 실제로는 이를 무시하거나 우회하는 경우가 빈번하다. 예를 들어 개인정보 보호를 강조하면서도 수익을 위해 데이터 수집을 확대하고, AI의 투명성을 약속하면서도 알고리즘의 작동 원리는 공개하지 않는다. 이는 마치 환경 보호를 외치면서도 이윤을 위해 오염 물질을 배출하는 기업들의 모습과 닮아 있다.

특히 AI의 빠른 상용화 과정에서 안전성과 윤리성 검증이 생략되는 경우가 많다. 기업들은 '빠른 실패'를 혁신의 방법론으로 내세우지만, AI의 경우 그 '실패'가 사회에 돌이킬 수 없는 영향을 미칠 수 있다. 의약품이 엄격한 임상 시험을 거쳐야 하는 것처럼 AI 시스템도 그에

준하는 검증 과정이 필요하다.

이제 우리는 AI 발전에서 윤리의 역할을 재정립해야 한다. 이는 단순히 기업의 양심에 맡길 수 없는, 사회 전체가 함께 고민하고 해결해야 할 과제다. 윤리적 가치와 기술 혁신이 상생할 수 있는 새로운 발전 모델을 찾아야 할 때다.

소진되는 자원: AI 발전의 한계

AI 발전이 직면한 가장 큰 도전 과제는 역설적으로 그것을 뒷받침하는 자원의 한계다. 마치 산업 혁명이 화석 연료의 한계에 직면했듯이, AI 혁명도 이제 자원 고갈이라는 벽에 부딪히고 있다. 특히 고품질 데이터의 고갈은 AI 발전의 근본적인 제약 조건이 되고 있다. 인터넷상의 양질의 텍스트 데이터는 이미 대부분 소진되었으며, 새로운 데이터는 확보하기가 점점 더 어려워지고 있다.

더욱 심각한 것은 AI 운영에 필요한 물리적 자원의 한계다. 대형 언어 모델 하나를 학습시키는 데 필요한 전력량은 소도시 하나가 사용하는 양과 맞먹는다. 냉각에 필요한 물 소비량도 기하급수적으로 증가하고 있다. 이는 AI 발전이 환경적 지속 가능성과 정면으로 충돌하고 있음을 의미한다. 특히 AI 서비스의 대중화는 이러한 자원 소비를 더욱 가속화할 것이다.

이제 우리는 AI 발전의 '자연적 한계'를 인정하고 이를 고려한 새로운 발전 모델을 모색해야 한다. 무한한 성장이라는 환상에서 벗어나 제한된 자원 안에서 최적의 효율을 찾는 지혜가 필요한 시점이다.

디지털 식민지의 그림자: 기술 종속의 위험

디지털 시대의 새로운 형태의 식민지화가 진행되고 있다. 국가의 핵심 디지털 인프라가 해외 기업들에 의해 장악되면서 우리는 새로운 형태의 종속을 경험하고 있다. 클라우드 서비스부터 AI 기반 서비스까지 우리의 디지털 생활 대부분이 해외 기업들의 통제 아래 있다.

이러한 기술 종속은 단순한 경제적 문제를 넘어선다. 국민들의 데이터가 해외 서버에 저장되고, AI 서비스의 핵심 알고리즘이 블랙박스 속에 감춰진 상황에서 국가의 디지털 주권은 심각하게 위협받고 있다. 더구나 이러한 종속은 시간이 갈수록 더 깊어질 수밖에 없다. AI 시스템이 학습할수록 그 가치는 증가하고, 이는 다시 종속성을 강화하는 악순환을 만들어 낸다.

우리는 이제 디지털 주권 회복을 위한 구체적인 전략을 수립해야 한다. 이는 단순한 기술적 과제가 아닌 국가의 미래가 걸린 시대적 과제다. 디지털 식민지화를 막고 진정한 기술 독립을 이루는 것, 이것이 AI 시대를 살아가는 우리의 가장 시급한 과제일 것이다.

참고문헌

Abeba, B., et al.(2024). AI auditing: The Broken Bus on the Road to AI Accountability. 2024 IEEE Conference on Secure and Trustworthy Machine Learning,

Bostrom, N.(2014). *Superintelligence: Paths, dangers, strategies,* Oxford University Press.

Floridi, L., & Cowls, J.(2022). A unified framework of five principles for AI in society. *Harvard Data Science Review, 1*(1), 1-14.

Hagendorff, T.(2020). The ethics of AI ethics: An evaluation of guidelines. *Minds and Machines, 30*(1), 99-120.

Patricia, G., et al.(2021). Artificial Intelligence Regulation: a framework for governance, *Ethics and Information Technology, 23,* 505-525.

Whittaker, M., et al.(2018). AI Now 2018 Report. AI Now Institute.

01
생성형 콘텐츠의 범람

생성형 AI는 방대한 데이터를 학습하여 완전히 새로운 콘텐츠를 만들어 낸다. 오늘날 콘텐츠 제작은 새로운 형태의 전문성을 요구한다. AI 도구를 다루는 기술을 넘어 AI의 한계를 이해하고, 이를 보완하는 윤리적 판단력과 창의적 통찰력이 더욱 중요해졌다. AI는 인간의 창의성을 대체하는 것이 아니라 이를 증폭시키는 도구로 자리 잡고 있다.

AI와 1인 창업?

생성형 AI의 개념

생성형 AI(Generative AI, GenAI)는 인공지능 기술의 새로운 패러다임을 대표한다. 기존의 AI가 정해진 규칙에 따라 데이터를 분류하거나 예측하는 데 주력했다면, 생성형 AI는 방대한 데이터를 학습하여 완전히 새로운 콘텐츠를 만들어 낸다. 이는 인간의 창작 과정을 모방한 것으로, 기존 지식을 재조합하고 변형하여 독창적인 결과물을 도출하는 방식이다.

생성형 AI의 작동 원리는 '트랜스포머' 구조에 기반한다. 트랜스포머는 2017년 구글이 발표한 혁신적인 AI 아키텍처로, 데이터의 맥락과 관계를 효과적으로 파악할 수 있다. 이 구조는 입력된 정보의 각 요소 사이의 관계를 동시에 계산하는 '자기주의(Self-Attention)' 메커니즘을 활용한다. 이를 통해 AI는 문장의 문맥을 이해하거나 이미지의 여러 요소들 간 관계를 파악할 수 있게 되었다.

생성형 AI와 인간의 소통 방식은 크게 변화하였다. 불과 몇 년 전 AI는 개발자들만의 전유물이었다. AI와 소통하기 위해서는 파이썬(Python, 데이터 분석, 웹 개발, 인공지능 등 다양한 분야에서 사용되는 프로그래밍 언어)과 같은 컴퓨터 언어를 알아야 했기 때문이다. 하지만 대량으로 쌓인 데이터를 학습한 AI는 컴퓨터 언어의 제약을 벗어나 자연어로 인간과 소통하기 시작했다. AI의 민주화가 일어난 것이다.

이제 인류는 AI에게 전달하는 지시문으로, 단순한 명령어가 아닌 상세한 맥락과 조건을 포함한다. 예를 들어 "한국의 전통 가옥을 현대적으로 재해석한 디자인을 만들어 줘. 처마의 곡선은 유지하되 통유리를 활용해 개방감을 주고, 전체적으로 미니멀한 느낌으로 표현해 줘"와 같이 구체적인 지시가 가능하다.

생성형 AI의 학습 과정은 '사전학습'과 '미세조정'의 두 단계로 이루어진다. 사전학습 단계에서는 인터넷에서 수집한 방대한 데이터를 통해 기본적인 패턴과 규칙을 학습한다. GPT-4의 경우 수조 개의 매개 변수를 가지고 있으며, 이는 인간의 뇌와 비교될 만한 복잡성을 지닌다. 미세조정 단계에서는 특정 목적에 맞게 추가 학습을 진행하여 성능을 개선한다.

생성형 AI는 확률적 접근을 통해 콘텐츠를 생성한다. 예를 들어 텍스트 생성의 경우, 현재까지의 문맥을 고려하여 다음에 올 가능성이 가장 높은 단어를 선택한다. 이때 '온도(temperature)'라는 매개 변수를 조절하여 결과물의 창의성 정도를 제어할 수 있다. 높은 온도 값은 더 다양하고 예측 불가능한 결과를 만들어 내지만, 동시에 오류의 가능성도 높아진다.

최근에는 생성형 AI의 능력이 비약적으로 발전하여 전문가 수준의 콘텐츠 생성이 가능해졌다. 법률 문서 작성, 프로그래밍 코드 생성, 과학적 가설 제시 등 전문성이 요구되는 영역에서도 뛰어난 성과를 보이고 있다. 이는 AI가 단순한 보조 도구를 넘어 창의적 파트너로 발전하고 있음을 시사한다.

텍스트에서 음성, 그리고 영상으로

생성형 AI의 발전은 텍스트 생성에서 시작하여 음성과 영상으로 그 영역을 확장해 왔다. 이러한 진화 과정은 AI 기술의 발전 속도와 더불어 각 미디어의 특성을 잘 보여 준다.

텍스트는 가장 먼저 발전한 분야다. ChatGPT, 클로드(Claude), 제미나이(Gemini) 등 대형 언어 모델들은 인간의 언어를 깊이 이해하고 자연스러운 텍스트를 생성할 수 있게 되었다. 이들은 단순한 대화를 넘어 학술 논문 작성, 프로그래밍 코드 생성, 창작물 제작 등 다양한 영역에서 활용되고 있다. 특히 GPT-4는 복잡한 추론과 전문적인 작업도 수행할 수 있어, AI가 단순한 텍스트 생성을 넘어 지적 작업의 동반자로 발전했음을 보여 준다.

이미지 생성 AI는 달리(DALL-E), 미드저니(Midjourney), 스테이블 디퓨전(Stable Diffusion) 등을 통해 급격한 발전을 이루었다. 초기에는 단순한 이미지 생성에 그쳤지만 현재는 특정 화풍의 모방, 실제 사진과 구분하기 어려운 수준의 사실적 이미지 생성, 심지어 기존 이미지의 편집까지 가능하다. 이는 시각 예술 분야에 큰 변화를 가져왔으며 디자이너와 예술가의 작업 방식을 혁신적으로 바꾸고 있다.

음성 생성 분야는 일레븐랩스(ElevenLabs)나 스노(Suno)와 같은 서비스를 통해 발전했다. 이들은 텍스트를 자연스러운 음성으로 변환하는 것은 물론, 특정 인물의 목소리를 모방하거나 감정을 담은 음성을 생성할 수 있다. 특히 스노는 사용자가 제시한 프롬프트를 바탕으로 완성된 노래를 만들어 내는데, 이는 음악 창작의 새로운 가능성을 보여 준다. 또한 실시간 음성 번역과 더빙 서비스도 가능해져, 글로벌 커뮤니케이션의 장벽을 낮추고 있다.

최근에는 오픈AI의 소라(Sora)와 구글의 비오2(Veo2) 등 영상 생성 AI가 주목을 받고 있다. 이들은 텍스트 프롬프트를 바탕으로 현실감 있는 동영상을 생성할 수 있다. 이는 단순히 연속된 이미지를 나열하는 것이 아니라 물리 법칙과 시간의 연속성을 고려한 자연스러운 영상을 만들어 낸다. 이러한 기술은 영화 제작, 광고, 교육 등 다양한 분야에서 혁신적인 변화를 가져올 것으로 예상된다.

이러한 발전은 각 미디어 형식이 가진 고유한 특성과 기술적 도전 과제를 반영한다. 텍스트는 상대적으로 규칙이 명확하고 검증이 용이하여 가장 먼저 우리에게 다가왔고, 다음으로 찾아온 이미지는 2차원 공간의 시각적 요소들을 조화롭게 배치해야 하는 과제가 있었고, 음성은 억양과 감정 표현이라는 새로운 차원을 다뤄야 했다. 영상은 여기에 시간이라는 차원이 더해져 가장 복잡한 과제를 안고 있었다. 하지만 AI 기술은 이러한 도전 과제들을 하나씩 극복하며 이제는 거의 모든 형태의 미디어 콘텐츠를 생성할 수 있게 되었다.

콘텐츠 생산 방식의 혁신

생성형 AI의 등장은 콘텐츠 생산 방식에 근본적인 변화를 가져왔다. 전통적인 콘텐츠 제작이 전문가의 숙련된 기술과 경험에 의존했다면, AI 시대의 콘텐츠 제작은 인간과 AI의 협업을 통해 이루어진다. 이러한 변화는 제작 과정의 효율성을 높이고 새로운 창작 가능성을 열었다.

현대의 콘텐츠 제작자들은 이제 'AI 퍼스트(AI first)' 작업 방식을 채택하고 있다. 예를 들어, 유튜버들은 영상 기획 단계에서 ChatGPT를 통해 주제 아이디어를 발굴하고, 스크립트의 초안을 작성한다. 이어서 미드저니나 달리로 썸네일 이미지를 제작하고, 일레븐랩스로 내레이션 음성을 생성한다. 최근에는 소라와 같은 도구로 원본을 초월한 영상까지 제작할 수 있게 되었고, AI로만 제작한 영화가 이미 우리 지척에 다가왔다. 이처럼 콘텐츠 제작의 전 과정에서 AI가 활용되고 있다.

새로운 변화는 창작의 민주화를 가져왔다. 과거에는 고가의 장비와 전문적인 기술이 필요했던 작업들이 이제는 AI의 도움으로 누구나 시도할 수 있게 되었다. 예를 들어, 음악 제작의 경우 작곡, 편곡, 믹싱 등 전문적인 지식이 필요했지만, 이제는 스노와 같은 도구를 통해 간단한 프롬프트만으로도 완성된 곡을 만들 수 있다.

새로운 제작 방식은 '프롬프트 크래프팅'이라는 새로운 기술을 중심으로 발전하고 있다. 프롬프트 크래프팅은 AI에게 원하는 결과물을 정확히 설명하는 기술로, 이는 마치 전문 디자이너에게 작업을 의뢰하는 것과 유사하다. 좋은 프롬프트는 단순히 원하는 것을 나열하는 것이 아니라 스타일, 톤, 분위기, 기술적 세부 사항 등을 종합적으로 고려해야 한다.

AI는 또한 반복적이고 시간 소모적인 작업을 자동화함으로써 창작자들이 더 창의적인 작업에 집중할 수 있게 해 준다. 예를 들어, 영상 편집자들은 자막 생성, 색 보정, 노이즈 제거 등의 기초적인 작업을 AI에 맡기고 자신들은 전반적인 내러티브 구성과 같은 고차원적인 작업에 집중할 수 있게 되었다.

그러나 동시에 적지 않은 문제점도 야기했다. 첫째, AI 생성 콘텐츠의 저작권 문제가 있다. AI가 학습한 데이터에 대한 권리 문제부터, AI가 생성한 콘텐츠의 소유권까지 다양한 법적 쟁점이 존재한다. 둘째, AI 생성 콘텐츠의 진정성과 신뢰성 문제가 있다. 특히 딥페이크와 같은 기술은 허위 정보 확산의 우려를 낳고 있다.

오늘날 콘텐츠 제작은 새로운 형태의 전문성을 요구한다. 단순히 AI 도구를 다루는 기술을 넘어, AI의 한계를 이해하고 이를 보완하는 윤리적 판단력과 창의적 통찰력이 더욱 중요해졌다. 결국 AI는 인간의 창의성을 대체하는 것이 아니라 이를 증폭시키는 도구로 자리 잡고 있다.

이러한 변화는 콘텐츠 산업 전반에 걸쳐 새로운 기회와 도전을 동시에 제공하고 있다. 앞으로는 AI와의 효과적인 협업 능력이 콘텐츠 제작자의 핵심 역량이 될 것이며, 새로운 형태의 창의성과 표현 방식을 계속해서 발전시킬 것으로 보인다.

참고문헌

Frome, A., et al.(2013). DeViSE: A Deep Visual-Semantic Embedding Model. *DeViSE Paper*, *26*, 2121-2129.

Gomez, L., et al.(2017). Self-Supervised Learning of Visual Features Through Embedding Images into Text Topic Spaces. *in Proceedings of the ieee conference on computer vision and pattern recognition*, 4230-4239.

Li, A., et al.(2017). Learning Visual N-Grams from Web Data. *in Proceedings of the IEEE International Conference on Computer Vision*, 4183-4192.

Li, J., et al.(2022). BLIP: Bootstrapping Language-Image Pre-training for Unified Vision-Language Understanding and Generation. *in International Conference on Machine Learning*, 12888-12900.

Mahapatra, D., et al.(2021). Medical image classificationusing generalized zero shot learning. *in Proceedings of the IEEE/CVF International Conference on Computer Vision*, 3344-3353.

Radford, A., et al.(2021). Learning Transferable Visual Models from Natural Language Supervision. *in International conference on machine learning*, 8748-8763.

Tianyou, C., et al.(2024). A Vision-language Model Based on Prompt Learner for Few-shot Medical Images Diagnosis,

2024 27th International Conference on Computer Supported Cooperative Work in Design, 1455–1460.

02
AI 가속주의와 이타주의

AI 기술이 기하급수적으로 발전하면서 이를 바라보는 시각도 극단적으로 나뉘고 있다. AI 발전의 가속화를 통해 인류의 도약을 이루자는 '가속주의'와 AI의 위험성을 경고하며 신중한 접근을 강조하는 '이타주의'가 대립하고 있다. 이러한 대립은 단순한 기술 발전의 속도 문제를 넘어 AI 시대를 맞이하는 인류의 근본적인 태도에 대한 물음을 제기한다.

AI와 MBTI?

AI 가속주의 형성과 발전

'기술이 모든 문제를 해결할 수 있다'는 맹목적 신념은 1970년대 실리콘밸리의 형성과 함께 시작되어 현재 AI 가속주의의 핵심 사상이 되었다. 특히 '무어의 법칙'으로 대표되는 기술의 기하급수적 발전에 대한 믿음은 AI 발전도 필연적으로 가속화되어야 한다는 논리로 이어졌다. 실리콘밸리의 주요 기업과 투자자들은 이러한 가속주의를 적극적으로 수용하며 AI 개발 경쟁을 더욱 가속화시키고 있다.

2023년 11월 발생한 오픈AI 사태는 AI 가속주의의 이면을 적나라하게 보여 주었다. 샘 알트만(Sam Altman) CEO의 해임과 복귀 과정에서 드러난 것은 AI 기업들이 가진 근본적인 이중성이었다. 오픈AI는 설립 당시 AI의 안전하고 윤리적인 발전을 표방했지만, 실제로는 상업적 성공과 기술 발전의 가속화를 추구했다. 이러한 괴리는 이사회와 경영진 간의 충돌로 이어졌고 결과적으로 AI 기업의 본질적 딜레마를 드러내는 계기가 되었다.

AI 가속주의가 AI 발전에 미치는 영향은 매우 복잡하다. 긍정적 측면에서는 기술의 빠른 발전을 이끌어 내며, 이는 의료, 환경, 교육 등 다양한 분야에서 인류에게 혜택을 가져다줄 수 있다. 예를 들어, AI 신약 개발의 가속화는 난치병 치료제 발견을 앞당길 수 있다. 그러나 부정적 측면에서는 AI의 안전성과 윤리성을 등한시하는 결과를 초래할 수 있다. 특히 충분한 검증 없이 AI 기술을 상용화하는 것은 예측하지 못한 위험을 초래할 수 있다.

가속주의 위험성은 여러 측면에서 나타난다. 첫째, 기술적 안전성 문제다. AI 시스템의 오류나 편향성이 충분히 검증되지 않은 채 배포될 경우, 이는 심각한 사회적 문제를 야기할 수 있다. 둘째, 윤리적 고려의 부재다. 빠른 발전만을 추구하다 보면 AI의 윤리적 영향에 대한 깊이 있는 성찰이 생략될 수 있다. 셋째, 사회적 혼란의 가능성이다. AI 기술의 급격한 도입은 노동 시장의 급격한 재편이나 사회적 불평등 심화를 초래할 수 있다.

이러한 상황에서 우리는 AI 가속주의를 맹목적으로 수용하거나 거부하는 것이 아닌, 보다 균형 잡힌 시각으로 바라볼 필요가 있다. AI 기술의 발전은 필요하지만, 그 속도와 방향성에 대한 신중한 고려가 동반되어야 한다. 이는 단순한 기술적 문제가 아닌 인류의 미래를 결정할 수 있는 중대한 선택의 문제다.

AI 이타주의 운동의 대두

AI 이타주의 운동은 기술 발전 속도보다 인류의 안전과 윤리적 가치를 우선시하는 접근을 강조한다. 이는 단순한 기술 비관론이 아닌 AI 발전의 방향성에 대한 근본적인 재고찰을 요구하는 움직임이다.

특히 AI의 선구자인 2024년 노벨상 수상자 제프리 힌턴이 제기한 경고는 이타주의에 가속도를 붙였다. 'AI의 대부'로 불리는 힌턴은 40년 이상 AI 연구를 이끌어 온 권위자였기에 그의 경고는 특별한 무게를 가졌다. 그는 AI가 인류의 존재를 위협할 수 있다는 우려를 제기하면서 구글을 떠나 AI의 위험성을 경고하는 활동을 시작했다. 특히 주목할 점은 그가 단순히 위험성을 경고하는 데 그치지 않고 AI의 이타적 발전을 위한 구체적인 방향성을 제시했다는 것이다.

AI 안전성 연구 단체들의 활동도 주목할 만하다. 미래생명연구소(Future of Life Institute), AI안전센터(Center for AI Safety) 등의 단체들은 AI의 잠재적 위험성을 연구하고 안전한 AI 개발을 위한 가이드라인을 제시하고 있다. 이들의 활동은 크게 세 가지 방향으로 귀결된다. 첫째, AI 시스템의 기술적 안전성 연구다. AI의 결정이 인간의 가치와 일치하도록 만드는 '가치 정렬' 문제가 대표적이다. 둘째, AI의 사회적 영향 연구다. AI가 사회 구조와 인간관계에 미치는 영향을 분석하고 대응 방안을 모색한다. 셋째, 정책 제언 활동이다. 연구 결과를 바탕으로 정부와 기업에 구체적인 정책 방향을 제시한다.

윤리적 AI 개발을 위한 국제적 움직임도 활발해지고 있다. 유네스코(UNESCO)는 2021년 'AI 윤리 권고'를 채택했고, 경제개발협력기구(OECD)는 'AI 원칙'을 발표했다. 이러한 국제적 합의는 AI 발전이 인류의 보편적 가치와 조화를 이루어야 한다는 점을 강조한다.

그러나 이타주의적 AI 발전은 여러 현실적 과제에 직면해 있다. 첫째, 경제적 압박이다. AI 발전에는 상당한 시간과 비용이 소요되지만 이타주의에 가까워질수록 수익에서 멀어져 경쟁력은 나날이 후퇴할 수밖에 없다. 둘째, 기술적 복잡성이다. AI 시스템이 복잡해질수록 안전성을 검증하는 것도 더욱 어려워진다. 셋째, 국제적 협력의 어려움이다. AI 발전에 대한 각국의 이해관계가 다르다 보니 통일된 윤리 기준을 수립하기가 쉽지 않다.

이러한 도전 과제들에도 불구하고 이타주의 운동은 점차 영향력을 확대하고 있다. 특히 최근의 AI 발전 속도는 창조주의 위치를 위협하는 것에 그치지 않고 '인간을 종속시키지는 않을까'라는 불안감마저 야기하는 실정이다. AI 이타주의는 단순한 기술 발전의 제동이 아닌 인류의 지속 가능한 미래를 위한 필수적인 철학적 토대가 되고 있다.

균형점 모색을 위한 노력

AI 가속주의와 이타주의 사이의 긴장 관계는 디지털 시대의 핵심적인 도전 과제가 되었다. 이제 우리에게 필요한 것은 기술 발전 속도와 안전성 사이의 균형점을 찾는 것이다. 이러한 균형점 모색은 규제, 자율 규범, 국제 협력 등 다양한 차원에서 진행되고 있다.

AI 발전 속도 조절을 위한 규제 방안은 여러 국가에서 시도되고 있다. 유럽 연합(EU)의 인공지능법(AI Act)은 이러한 노력의 대표적 사례다. EU는 AI 시스템을 위험도에 따라 분류하고, 고위험 AI에 대해서는 출시 전 엄격한 검증을 요구한다. 특히 주목할 만한 점은 이 규제가 단순히 속도를 늦추는 것이 아니라 안전하고 신뢰할 수 있는 AI 발전을 유도한다는 것이다. 예를 들어, AI 시스템의 투명성과 설명 가능성을 의무화함으로써 기업들이 성급한 출시보다는 신중한 개발을 선택하도록 만든다.

기업들의 자발적 윤리 기준 수립도 중요한 흐름이다. 구글은 'AI 원칙'을 통해 무기 개발에 AI를 활용하지 않겠다고 선언했으며, 마이크로소프트는 AI 윤리위원회를 설치하여 모든 AI 프로젝트를 검토하고 있다. 이러한 자발적 노력들은 규제만으로는 달성하기 어려운 세밀한 윤리적 고려를 가능하게 한다.

국제 협력을 통한 AI 거버넌스 구축도 활발히 진행되고 있다. OECD의 'AI 원칙'은 38개 회원국 합의를 바탕으로 만들어졌으며, 이는 글로벌 AI 거버넌스의 기초가 되고 있다. G7도 'AI 히로시마 프로세스'를 통해 AI 발전의 국제적 가이드라인을 수립하려 노력하고 있다. 이러한 국제 협력은 AI 발전이 특정 국가나 기업의 이해관계에 좌우되지 않도록 하는 중요한 장치가 된다.

지속 가능한 AI 발전을 위해서는 다음과 같은 구체적인 방안들이 필요하다. 첫째, '단계적 검증 체계'의 도입이다. 신약 개발과 유사하게 AI 시스템도 여러 단계의 안전성 검증을 거치도록 해야 한다. 둘째, '윤리적 영향 평가'의 의무화다. AI 시스템이 사회에 미칠 수 있는 영향을 사전에 평가하고 필요한 조치를 취하도록 해야 한다. 셋째, '멀티스테이크홀더 거버넌스' 구축이다. 정부, 기업, 시민 사회가 함께 참여하여 AI 발전의 방향성을 결정해야 한다.

이러한 균형점 모색은 결코 쉬운 과제가 아니다. 기술 발전 속도와 안전성은 본질적으로 상충하는 가치이기 때문이다. 그러나 이는 피할 수 없는 도전이며, AI 시대를 살아가는 우리에게 주어진 책임이기도 하다. 중요한 것은 이러한 균형점 모색이 지속적이고 역동적인 과정이어야 한다는 점이다. AI 기술이 발전할수록 우리는 계속해서 새로운 균형점을 찾아가야 할 것이다.

참고문헌

강나훔(2024.5.22). 글로벌 AI 전문가들 "'안전과 혁신' 균형 잡힌 정책 필요" 한 목소리. ≪아시아경제≫, https://v.daum.net/v/20240522185239400

김윤수(2024.5.21.). 글로벌 AI 규제 본격화…자구책 마련하는 기업들. ≪서울경제≫, https://v.daum.net/v/20240521175045677

오동현(2023.11.21.). '챗GPT 아버지' 샘 올트먼, 제2의 '오펜하이머' 될까. 뉴시스, https://v.daum.net/v/20231121172209690

Alec, R., et al.(2018). Improving Language Understanding by Generative Pre-Training. openai.com.

Alec, R., et al.(2019). Language models are unsupervised multitask learners. openai.com

Askell, A., et al.(2021). A General Language Assistant as a Laboratory for Alignment. *Computation and Language, 3,* 1-48.

Gabriel, I.(2020). Artificial Intelligence, Values, and Alignment" aka "AI Alignment Paper, *Minds and Machines, 30,* 411-437.

William, M.(2022). What We Owe The Future. Basic Books.

03
AI 윤리의 필요성

AI 기술이 인류의 삶 전반으로 확산되면서 윤리적 문제의 심각성도 더욱 커지고 있다. AI는 이제 단순한 기술을 넘어 우리 사회의 근간을 흔들 수 있는 파괴력을 지니게 되었다. 특히 2024년을 기점으로 AI가 만들어 내는 콘텐츠와 실제 인간이 만든 콘텐츠를 구분하기 어려워지면서 AI 윤리 확립의 시급성은 그 어느 때보다 높아졌다.

AI와 난임 극복?

AI 오남용 현주소

AI 기술 발전과 함께 오남용 사례도 기하급수적으로 증가하고 있다. 특히 2023년 이후 생성형 AI의 대중화로 인해 딥페이크, 가짜뉴스, 개인 정보 침해 등의 문제가 심각한 사회적 이슈로 대두되었다. 이러한 AI 오남용의 현주소를 구체적으로 살펴보면서 그 심각성과 대응 필요성을 고찰해 본다.

첫째, 딥페이크 범죄는 민주주의 근간을 위협하는 수준에 이르렀다. 2024년 한국 총선과 미국 대선을 앞두고 정치인들의 딥페이크 영상이 무차별적으로 생성되어 유포되었다. 실제로 한 유명 정치인의 경우, AI로 제작된 가짜 영상으로 인해 지지율이 10% 이상 하락하는 사태가 발생했다. 특히 문제가 되는 것은 딥페이크 탐지 기술이 발전하고 있지만, 생성 기술의 발전 속도를 따라가지 못한다는 점이다. 일례로 표현의 자유를 중시하는 일론 머스크는 그록(Grok)에서 유명인 생성에 대한 제한을 두지 않고 있다. 이는 향후 선거철마다 딥페이크로 인한 혼란이 더욱 가중될 것임을 시사한다.

둘째, AI 생성 가짜뉴스의 급증은 언론 신뢰도를 심각하게 훼손하고 있다. ChatGPT와 같은 대형 언어 모델(Large Language Model, LLM)의 등장으로 뉴스 형식의 허위 정보가 대량으로 생산되고 있다. 특히 실시간 이슈에 대해 AI가 자동으로 기사를 생성하고, 이를 SNS를 통해 확산시키는 자동화된 시스템이 등장했다. 2023년 한 해 동안 국내 주요 팩트 체크 기관이 검증한 가짜뉴스 중 30% 이상이 AI가 생성한 것으로 확인되었다. 더욱 우려스러운 점은 AI가 생성한 가짜뉴스의 경우 전문가도 진위 여부를 판단하기 어려울 정도로 정교하다는 것이다.

셋째, 프라이버시 침해와 개인 정보 유출 문제도 심각한 수준이다. AI 기업들이 서비스 개선을 명목으로 수집하는 개인 정보의 범위가 지속적으로 확대되고 있다. 음성 비서의 경우 사용자의 일상적인 대화를 무분별하게 수집하여 AI 학습에 활용하고 있다는 사실이 밝혀졌다. 얼굴 인식 AI의 경우에도 동의 없이 수집된 수많은 사진이 학습 데이터로 사용되었다. 2023년 한 해 동안 AI 관련 개인 정보 유출 신고는 전년 대비 3배 이상 증가했다.

넷째, AI 챗봇의 혐오 발언과 편향성 문제도 간과할 수 없다. 대형 언어 모델이 학습한 데이터에 내재된 편향성이 그대로 출력되면서 성차별, 인종차별적 발언이 재생산되고 있다. 특히 10대 청소년들이 AI 챗봇과의 대화에서 잘못된 가치관을 습득할 수 있다는 우려가 제기되고 있다. 실제로 한 AI 챗봇은 자살 방법을 구체적으로 알려

주거나 극단적인 정치적 견해를 표출하여 사회적 논란을 야기했다.

이러한 개별적인 AI 오남용 사례들은 결국 하나의 공통된 결론을 지향한다. 바로 AI 기술이 인류의 기본권과 사회 시스템을 근본적으로 위협할 수 있다는 점이다. 특히 2024년을 기점으로 AI 기술의 발전 속도가 더욱 가속화되면서 이러한 위협은 현실화되고 있다.

우선 기술적 측면에서 볼 때, AI 오남용 문제의 심각성은 '기하급수적 확산성'에 있다. 과거에는 허위 정보나 프라이버시 침해가 개별적이고 산발적으로 발생했다면, AI 시대의 오남용은 자동화되고 체계화된 형태로 나타난다. 클릭 한 번으로 수천 개의 딥페이크 영상이 제작되고, 알고리즘에 의해 자동으로 확산되는 구조가 형성된 것이다. 더구나 AI 기술의 특성상 한번 유출된 정보나 허위 콘텐츠는 완벽한 삭제가 불가능하다는 점에서 그 피해는 영구적일 수 있다.

사회적 측면에서는 'AI 리터러시의 격차' 문제가 두드러진다. AI 기술을 이해하고 허위 정보를 식별할 수 있는 능력이 있는 계층과 그렇지 않은 계층 간 정보 격차가 심화되고 있다. 이는 단순한 정보 격차를 넘어 경제적, 사회적 불평등으로 이어질 수 있다. 예를 들어, AI 딥페이크 사기에 노출되는 비율이 고령층과 저소득층에서 현저히 높게 나타나는 것이 이러한 격차를 단적으로 보여준다.

법 제도적 측면에서도 AI 오남용은 새로운 도전 과제를 제시한다. 기존 법체계는 AI가 만들어 내는 새로운 형태의 범죄나 피해를 규율하는 데 한계를 보인다. 특히 AI 생성물의 저작권, 책임 소재, 처벌 수위 등에 대한 법적 기준이 모호하다. 더구나 AI 범죄의 경우 국경을 초월하여 발생하는 경우가 많아 국제적 공조가 필수적이지만 이 역시 쉽지 않은 과제다.

윤리적 측면에서 가장 우려되는 것은 'AI 윤리의 상대화' 현상이다. AI 기술이 발전할수록 윤리적 판단 기준이 모호해지고 상황에 따라 다르게 해석되는 경향이 강해진다. 예를 들어, AI 생성 예술물의 경우 창작자 권리와 AI의 자율성 사이에서 윤리적 판단이 엇갈린다. 이는 결국 사회적 합의 부재로 이어져 AI 윤리 정착을 더욱 어렵게 만든다.

이러한 복합적인 도전 과제들은 AI 윤리가 단순히 기술적 가이드라인이나 법적 규제 차원을 넘어, 새로운 디지털 시대의 사회 계약으로 발전해야 함을 시사한다. 즉, AI 윤리는 기술 발전과 인간의 기본권, 사회적 가치가 조화를 이루는 새로운 균형점을 찾아가는 과정이 되어야 한다. 이를 위해서는 정부, 기업, 시민 사회가 함께 참여하는 거버넌스 체계의 구축이 시급하며, 동시에 AI 리터러시 교육과 윤리적 가이드라인의 실효성 제고를 위한 구체적인 실천 방안이 마련되어야 한다.

윤리가 지켜지지 않는 본질적 이유

AI 윤리가 지켜지지 않는 근본적인 원인은 단순히 기술 문제나 규제 미비 때문이 아니다. 이는 현대 사회의 구조적 모순과 인간의 본성이 복잡하게 얽혀 있는 문제다. 각각의 본질적 원인을 심층적으로 분석해 보자.

첫째, 기술 발전 속도와 윤리적 성찰 사이의 근본적인 괴리가 존재한다. AI 기술은 이미 무어의 법칙을 아득히 초월했다. 반면 인간의 윤리적 성찰과 사회적 합의는 본질적으로 시간이 필요한 과정이다. 예를 들어, ChatGPT가 등장한 후 전 세계 교육계가 AI 윤리 가이드라인을 만드는 데 1년 이상이 걸렸다. 그러나 이 기간 동안 AI 기술은 이미 세 세대나 진화했으며, 기존의 윤리적 고민을 무력화시키는 새로운 도전 과제들을 양산했다. 이러한 '윤리적 지체 현상'은 AI 시대의 구조적인 문제로 자리 잡았다.

둘째, 이윤 추구와 윤리적 가치는 본질적으로 상충하는 경우가 많다. AI 기업들은 주주들에게 성장과 수익을 보여 줘야 하는 압박에 시달린다. 이러한 상황에서 윤리적 고려 사항은 종종 후순위로 밀리게 된다. 구글이 2023년 자사의 AI 윤리위원회를 해체하고 제품 출시 속도를 높인 사례나, 메타가 프라이버시 침해 우려에도 불구하고 개인 정보 수집을 확대한 것은 이러한 현실을 잘 보여 준다. 더구나 AI 윤리 준수에는 상당한 비용이 수반되는 반면, 위반에 따른 처벌은 상대적으로 미약하다. 이는 기업들이 윤리적 가이드라인을 준수할 동기를 크게 약화시킨다.

셋째, AI 시스템의 복잡성으로 인해 책임 소재가 불분명해지는 구조적 문제가 있다. AI의 의사 결정 과정은 수많은 알고리즘과 데이터의 상호 작용으로 이루어진다. 이 과정에서 발생하는 윤리적 문제의 책임을 특정 주체에게 귀속시키기가 매우 어렵다. 예를 들어, AI 챗봇이 차별적 발언을 했을 때, 이는 개발자의 잘못인가, 데이터의 문제인가, 아니면 AI 시스템 자체의 한계인가? 이러한 책임 소재의 불명확성은 법적 처벌의 공백으로 이어진다.

넷째, 글로벌 기업들의 자율 규제는 태생적 한계를 지

니다. AI 기업들은 자율 규제를 통해 정부의 강력한 규제를 피하고자 하지만 이는 근본적으로 '자기 모순적' 시도다. 기업의 존재 이유는 이윤 추구에 있으며 이는 때때로 윤리적 가치와 충돌할 수밖에 없다. 2024년 초 주요 AI 기업들이 발표한 자율 규제 협약이 별다른 실효성을 거두지 못한 것은 이러한 한계를 잘 보여 준다.

다섯째, 윤리 가이드라인의 실효성 부재는 그것이 현실과 동떨어진 이상적 기준에 머물러 있기 때문이다. 대부분의 AI 윤리 가이드라인은 추상적이고 선언적인 수준에 그치며, 구체적인 상황에서의 판단 기준을 제시하지 못한다. 특히 서로 다른 윤리적 가치가 충돌하는 경우, 어떤 것을 우선해야 하는지에 대한 명확한 지침이 없다. 이는 결국 윤리 가이드라인이 형식적인 문서로 전락하게 만드는 원인이 된다.

이러한 본질적 원인들은 서로 긴밀하게 연결되어 있으며 단순한 해결책으로는 극복하기 어렵다. 따라서 AI 윤리의 정착을 위해서는 보다 근본적인 접근이 필요하다. 우선, 기술 발전의 속도를 조절할 수 있는 제도적 장치가 필요하다. 신약 개발과 같이 단계적 검증 체계를 도입하는 것도 한 방법이다. 또한 윤리적 가치를 기업의 핵심 성과 지표로 편입시키고, 이를 기업 평가의 중요한 기준으로 삼아야 한다. 책임 소재의 명확화를 위해서는 AI 시스템의 의사 결정 과정을 추적하고 기록하는 것을 의무화해야 한다.

더불어 윤리 가이드라인은 현장의 목소리를 반영하여 더욱 구체화되어야 하며 정기적인 업데이트를 통해 기술 발전 속도를 따라가야 한다. 이러한 노력들이 체계적으로 이루어질 때, 비로소 AI 윤리는 실질적인 효력을 발휘할 수 있을 것이다.

국제 사회의 규제 동향과 미래 전망

AI 규제를 둘러싼 국제사회 움직임은 크게 세 가지 접근 방식으로 나타나고 있다. EU의 강력한 규제 중심 접근법, 미국의 자율 규제 중심 접근법, 그리고 중국의 국가 통제 중심 접근법이다. 각각의 특징과 시사점을 분석하고 이를 통해 AI 규제의 미래를 전망해 보고자 한다.

유럽 연합의 인공지능법은 가장 포괄적이고 강력한 규제 체계를 제시한다. 유럽 연합은 AI 시스템을 위험도에 따라 4단계로 분류하고, 각 단계별로 차등화된 규제를 적용한다. 특히 '용인할 수 없는 위험' 수준의 AI 시스템은 전면 금지되며, '고위험' AI 시스템에 대해서는 엄격한 사전 적합성 평가와 지속적인 모니터링이 요구된다. 위반 시 글로벌 매출액의 7%까지 과징금이 부과될 수 있어 실효성 있는 규제가 될 것으로 전망된다. EU의 이러한 접근은 'AI 규제의 글로벌 스탠더드'로 자리 잡을 가능성이 높다. 실제로 많은 글로벌 기업들이 유럽 연합의 기준에 맞춰 AI 시스템을 개발하고 있으며, 이는 소위 '브뤼셀 효과'로 불리는 현상을 만들어 내고 있다.

반면 미국은 자율 규제를 중심으로 한 유연한 접근을 취하고 있다. 바이든 행정부가 발표한 'AI 권리 장전'은 법적 구속력이 없는 가이드라인 성격을 띠며 기업들의 자발적 참여를 강조한다. 이는 AI 기술 발전을 저해하지 않으면서도 윤리적 가치를 보장하려는 시도다. 그러나 2023년 말 발생한 일련의 AI 관련 사고로 인해, 미국 내에서도 보다 강력한 규제가 필요하다는 목소리가 커지고 있다. 특히 연방거래위원회(Fair Trade Commission, FTC)는 AI 기업들의 불공정 거래 행위에 대한 조사를 강화하고 있으며, 의회에서도 AI 규제 법안이 다수 발의되어 있는 상태다.

중국은 국가 주도의 강력한 AI 통제 정책을 펼치고 있다. 2024년 시행된 '생성형 AI 서비스 관리 규정'은 AI 콘텐츠에 대한 사전 검열과 실명제를 의무화했다. 특히 주목할 점은 중국이 AI 기술 발전과 국가 안보를 직접적으로 연계시키고 있다는 것이다. 중국의 접근 방식은 AI 기술 발전을 장려하면서도, 그 활용을 국가가 철저히 통제하는 이중적 특성을 보인다.

한국의 경우, 유럽 연합과 미국의 중간적 입장을 취하고 있다. '인공 지능 윤리 기준'과 '신뢰할 수 있는 AI 실현 전략'을 통해 AI 규제의 기본 방향을 제시하고 있으나 구체적인 법제화는 아직 진행 중이다. 특히 한국은 AI 강국으로 도약하기 위한 기술 발전을 강조하면서도 AI 윤리와 안전성을 확보하기 위한 규제도 동시에 추진하고 있다. 이는 'K-AI 거버넌스'라는 새로운 모델을 만들어 낼 가능성을 보여 준다.

AI 규제의 미래 전망과 관련하여, 다음과 같은 세 가지 핵심적인 변화가 예상된다. 첫째, AI 규제의 국제적 수렴 현상이 가속화될 것이다. 유럽 연합의 인공지능법이 사실상 글로벌 스탠더드로 자리 잡으면서, 다른 국가들도 이와 유사한 수준의 규제 체계를 도입할 것으로 보인다. 둘째, AI 규제의 범위가 지속적으로 확대될 것이다. 현재는 주로 고위험 AI 시스템에 초점이 맞춰져 있으나, 향후에는 모든 AI 시스템으로 규제가 확대될 것이다. 셋째, AI 규제의 실효성을 높이기 위한 기술적 수단이 발전할 것이다. AI 감사(Audit) 기술, 설명 가능성 향상 기술,

편향성 측정 도구 등이 규제 준수의 핵심 수단으로 자리 잡을 것이다.

이러한 변화 속에서 주목해야 할 점은 AI 규제가 단순한 제한이나 통제를 넘어, AI에 대한 사회적 신뢰를 구축하는 수단으로 진화하고 있다는 것이다. AI 규제는 결국 인간 중심의 AI 발전을 보장하기 위한 사회적 합의 과정이며, 이는 AI 기술의 지속 가능한 발전을 위한 필수 조건이 될 것이다. 따라서 앞으로 AI 규제는 더욱 정교하게 체계화될 것이며, 이는 AI 산업 생태계 전반에 근본적인 변화를 가져올 것으로 전망된다.

참고문헌

김미정(2024.4.12). "AI 모델, 클수록 위험성 증가…AI 안전성 강화해야", 지디넷코리아, https://v.daum.net/v/20240412182658472

이관수(2024.5.25). 동의 없이 권리 침해, 문제 터지면 돈으로? 오픈AI의 '위험한 질주', ≪한겨레≫, https://v.daum.net/v/20240525110515169

표윤지(2024.5.18). 세계 최초 韓 디지털 권리장전…5개월 진통 후 '재탄생' 움직임, 데일리안, https://v.daum.net/v/20240518070057296

Anna, J., et al.(2019). The global landscape of AI ethics guidelines. *Nature Machine Intelligence, 1*, 389 – 399.

Dignum, V.(2019). *Responsible Artificial Intelligence: How to*

Develop and Use AI in a Responsible Way. Springer Press.
Luciano, F., et al.(2018). AI4People—An Ethical Framework for a Good AI Society: Opportunities, Risks, Principles, and Recommendations. *Minds and Machines, 28*, 689-707.
Sandra, W., et al.(2017). Why a Right to Explanation of Automated Decision Making Does Not Exist in the General Data Protection Regulation. *International Data Privacy Law, 7*, 76-99.

04
AI와 인간의 일자리

AI로 인한 일자리 지형 변화는 이제 피할 수 없는 현실이 되었다. 특히 생성형 AI의 등장으로 지식 노동자들의 업무 영역까지 AI의 영향력이 확대되면서, 노동시장 전반에 근본적인 변화가 예고되고 있다. 이러한 변화는 단순한 일자리 대체를 넘어 직무의 재정의와 새로운 노동 가치의 발견으로 이어지고 있다.

AI와 사주?

AI가 대체하는 직종의 특성

AI가 인간의 일자리를 대체하는 양상은 이전의 기술 혁명과는 다른 특징을 보인다. 산업 혁명이 육체노동을 기계로 대체했다면, AI는 인간의 사고와 판단 영역까지 넘보고 있다. AI가 대체하는 직종의 특성을 면밀히 분석함으로써 노동시장의 구조적 변화를 이해하고 대응 방안을 모색할 수 있다.

첫째, 반복적이고 규칙 기반의 업무가 가장 빠르게 자동화되고 있다. 은행 창구 업무, 콜센터 상담, 회계 처리, 데이터 입력 등이 대표적이다. 2023년 한국의 5대 시중은행은 AI 도입으로 창구 직원 30%를 감축했으며, 2024년에는 그 비율이 50%까지 확대될 전망이다. 특히 업무 자동화 시스템(Robotic Process Automation, RPA)과 AI의 결합으로 사무직의 단순 업무는 거의 완전한 자동화가 가능해졌다.

둘째, 지식 노동자들의 업무 영역도 AI의 도전을 받고 있다. ChatGPT와 같은 생성형 AI의 등장으로 법률 검토, 시장 분석, 리서치, 번역 등 전문직 업무 상당 부분이 AI로 대체 가능해졌다. 실제로 2024년 초 한 대형 로펌은 AI 도입으로 초급 변호사 채용을 40% 줄였으며, 글로벌 컨설팅 기업들도 리서치 인력을 대폭 감축하고 있다. 더욱 우려되는 것은 AI 성능이 기하급수적으로 향상되면서 고도의 전문성이 요구되는 업무까지 AI가 수행할 수 있게 된다는 점이다.

셋째, AI의 영향력은 이제 창의성 영역으로까지 확장되고 있다. 미드저니나 달리 같은 AI는 디자인, 일러스트레이션 영역에서 놀라운 성과를 보여 주고 있으며, 음악 작곡이나 영상 제작 분야에서도 AI 활용이 급증하고 있다. 특히 2024년 등장한 오픈AI의 소라는 전문가 수준의 영상 제작이 가능해 영상 제작자들에게 큰 충격을 주고 있다. 창의 산업 종사자들은 이제 AI와의 경쟁이나 협업을 피할 수 없는 상황이 되었다.

넷째, AI 발전으로 인해 새로운 위험 직군이 등장하고 있다. 특히 중간 관리직의 입지가 크게 좁아질 것으로 예상된다. AI가 데이터 기반의 의사 결정과 업무 조율을 효율적으로 수행할 수 있게 되면서, 전통적인 관리자의 역할이 축소되고 있다. 글로벌 기업들은 이미 중간 관리직을 줄이고 조직을 수평화하는 추세를 보이고 있다. 또한 AI 기술이 발전할수록 고임금 전문직도 위험에 노출될 가능성이 높아진다.

이러한 변화에 대응하기 위해서는 직무 재설계가 필수적이다. AI가 대체하는 업무는 과감히 자동화하되, 인간만이 할 수 있는 영역을 새롭게 정의하고 강화해야 한다. 예를 들어, 법률 분야에서 단순 계약서 검토는 AI에게 맡기고 변호사들은 복잡한 소송 전략 수립이나 고객 상담에 집중하는 방식이다. 또한 AI와 협업 능력을 키우는 것도 중요하다. AI를 도구로 활용하여 업무 생산성을 높이는 동시에 인간만의 통찰력과 판단력을 발휘할 수 있는 방향으로 직무를 발전시켜야 한다.

더불어 새로운 형태의 노동권 보호도 고민해야 한다. AI로 인한 실직이나 직무 변경이 개인에게 과도한 부담이 되지 않도록, 재교육과 전직 지원을 위한 사회적 안전망을 강화해야 한다. 특히 AI 도입으로 인한 이익이 노동자들에게도 공정하게 분배될 수 있는 제도적 장치가 필요하다.

AI 시대의 새로운 직업 생태계

AI의 발전은 일자리를 단순히 대체하는 것을 넘어 완전히 새로운 직업 생태계를 만들어 내고 있다. 특히 주목할 만한 것은 AI가 발전할수록 오히려 인간의 고유한 가치가 더욱 부각되는 역설적 현상이 나타나고 있다는 점이다. 이러한 변화의 핵심적 특징들을 살펴보자.

AI 개발과 관리 분야의 일자리는 폭발적으로 증가하

고 있다. 프롬프트 엔지니어, AI 윤리 담당자, AI 품질 관리자, AI 데이터 큐레이터 등 이전에는 존재하지 않았던 새로운 직종들이 등장했다. 특히 2024년 들어 프롬프트 엔지니어의 평균 연봉이 1억 원을 넘어서면서 AI 특화 인재에 대한 수요가 급증하고 있다. 더불어 AI 시스템의 윤리적 검증과 품질 관리를 담당하는 전문가의 중요성도 커지고 있다.

인간-AI 협업 모델은 이제 새로운 표준이 되어가고 있다. AI를 도구로 활용하여 생산성을 높이는 'AI 증강 인력(AI-Augmented Workforce)'이 늘어나고 있다. 예를 들어, 의료 분야에서는 AI가 진단을 보조하고 의사는 최종 판단과 환자 상담에 집중하는 형태의 협업이 일반화되고 있다. 교육 분야에서도 AI가 기초적인 첨삭과 피드백을 제공하고, 교사는 학생의 정서적 지원과 심층적인 지도에 더 많은 시간을 할애할 수 있게 되었다.

특히 주목할 만한 현상은 블루칼라 직종에 대한 인식과 선호도의 극적인 변화다. AI가 화이트칼라 일자리를 위협하면서, 오히려 숙련된 기술자, 수공예 장인, 농부와 같은 전통적인 블루칼라 직종의 가치가 재조명되고 있다. 2024년 조사에 따르면, MZ세대의 40% 이상이 수제품 제작, 도예, 목공 등 수작업 중심의 직종에 관심을 보이고 있다. 이는 AI가 대체하기 어려운 손 기술과 장인 정신에 대한 새로운 가치 부여로 해석된다. 실제로 숙련된 용접공이나 배관공의 평균 임금은 일반 사무직을 상회하는 경우가 많아졌다.

비대체 영역의 재정의도 활발하게 이루어지고 있다. 감정 노동, 돌봄 서비스, 예술적 창작과 같이 인간의 공감 능력과 창의성이 필수적인 영역은 AI 시대에 오히려 그 가치가 상승하고 있다. 특히 메타버스와 같은 디지털 환경이 확장되면서 오프라인에서의 진정성 있는 인간 상호 작용의 가치는 더욱 높아지고 있다. 요가 강사, 미술 치료사, 진로 상담사와 같은 직종이 새롭게 주목받는 것도 이러한 맥락이다.

디지털 전환은 완전히 새로운 직무들도 만들어 내고 있다. 메타버스 건축가, 디지털 자산 관리사, 데이터 프라이버시 매니저 등은 디지털 시대의 새로운 필수 직종으로 자리 잡고 있다. 또한 기존 직종도 디지털 역량이 추가되면서 진화하고 있다. 예를 들어, 전통적인 부동산 중개인은 이제 가상 투어 전문가로, 피트니스 트레이너는 온라인 헬스 케어 코치로 발전하고 있다.

이러한 변화는 직업 교육과 진로 지도의 패러다임 전환도 요구한다. 더 이상 하나의 전문성만으로는 충분하지 않으며, 여러 영역을 넘나드는 융합적 역량이 필수적이다. 특히 AI 리터러시와 함께 인간 고유의 소프트 스킬을 균형 있게 발전시키는 것이 중요하다. 이는 AI 시대의 새로운 직업 생태계에서 성공적으로 적응하기 위한 핵심 요소가 될 것이다.

노동 시장 재편에 대한 대응 전략

AI로 인한 노동 시장의 구조적 변화는 개인과 사회 모두에게 체계적인 대응을 요구한다. 단순한 직무 교육을 넘어 평생에 걸친 역량 개발과 사회 안전망 구축이 핵심 과제로 떠오르고 있다. 이러한 변화에 효과적으로 대응하기 위한 전략들을 구체적으로 살펴보자.

평생학습은 이제 선택이 아닌 필수가 되었다. AI 기술의 발전 속도가 빨라지면서, 한번 습득한 기술이나 지식의 수명도 크게 짧아지고 있다. 특히 주목할 만한 것은 평생학습 개념이 진화하고 있다는 점이다. 과거의 평생학습이 직무 관련 기술 습득에 초점을 맞췄다면, 이제는 메타인지 능력, 창의적 문제 해결력, 협업 능력과 같은 근본적 역량 개발로 그 범위가 확대되고 있다. 2024년 글로벌 기업들의 교육 투자 현황을 보면, 기술 교육보다 이러한 기초 역량 강화에 더 많은 예산이 배정되고 있다.

디지털 리터러시 교육의 확대도 시급한 과제다. 여기서 주목해야 할 점은 디지털 리터러시의 의미가 크게 확장되었다는 것이다. 단순한 디지털 기기 활용 능력을 넘어 AI 시스템의 작동 원리를 이해하고 이를 효과적으로 활용하는 능력이 필수적이다. 예를 들어, 프롬프트 작성법, AI 출력물의 품질 평가, AI 윤리적 판단 능력 등이 새로운 디지털 리터러시의 핵심 요소가 되었다. 특히 고령 근로자들을 위한 맞춤형 디지털 리터러시 교육이 더욱 중요해지고 있다.

전직 지원과 직업 훈련의 혁신도 필요하다. 기존의 획일적이고 일회성인 직업 훈련으로는 AI 시대의 요구를 충족시킬 수 없다. 주목할 만한 혁신 사례로 '마이크로 자격증(Micro-Credentials)'의 확산을 들 수 있다. 이는 작은 단위의 직무 능력을 인증하는 방식으로, 근로자들이 유연하게 새로운 역량을 쌓을 수 있게 해준다. 또한 가상 현실(Virtual Reality, VR)과 증강 현실(Augmented Reality, AR)을 활용한 실감형 직업 훈련도 확대되고 있는데, 이는 특히 제조업이나 건설업 분야에서 큰 효과를 보이고 있다.

고용 안전망 강화는 이러한 변화의 토대가 된다. AI로 인한 실직이나 직무 전환이 개인의 삶을 위협하지 않도록 하는 제도적 장치가 필요하다. 주목할 만한 것은 전통적인 실업 급여를 넘어선 새로운 형태의 안전망이 등장하고 있다는 점이다. 예를 들어, '전환기 소득 지원 제도'는 직무 전환 기간 동안의 소득을 보장하면서 재교육을 지원한다. 또한 '디지털 전환 기금'을 통해 기업들의 AI 도입에 따른 인력 재배치와 재교육을 지원하는 방안도 검토되고 있다.

이러한 대응 전략들이 성공하기 위해서는 노동 시장의 유연성과 안정성을 동시에 확보하는 것이 중요하다. 특히 주목할 점은 이러한 변화가 단순한 위기관리가 아닌 노동의 질적 향상을 위한 기회가 될 수 있다는 것이다. AI가 단순 반복적인 업무를 대체함으로써 인간은 더 창의적이고 가치 있는 일에 집중할 수 있게 된다. 이는 결국 일과 삶의 균형, 자아실현, 사회적 가치 창출과 같은 보다 본질적인 목표를 추구할 수 있는 기회가 될 것이다.

더불어 이러한 전환 과정에서 발생할 수 있는 사회적 갈등과 불평등을 최소화하는 것도 중요한 과제다. 특히 연령, 학력, 지역에 따른 디지털 격차가 새로운 형태의 사회적 불평등으로 이어지지 않도록 세심한 정책적 배려가 필요하다. 이를 위해서는 정부, 기업, 교육 기관, 노동조합이 함께 참여하는 사회적 대화가 필수적이며, 이를 통해 AI 시대 새로운 노동의 미래를 함께 설계해 나가야 할 것이다.

참고문헌

김현경(2024.1.16). 세계 CEO들 "생성형 AI로 올해 최소 5% 감원될 것"…AI, 다보스포럼 화두로, ≪헤럴드경제≫, https://v.daum.net/v/20240116100840426

박종원(2024.5.25). 머스크 "AI가 미래 인간 일자리 전부 뺏어…노동은 취미 활동", ≪파이낸셜뉴스≫, https://v.daum.net/v/20240525003144528

황순민(2024.1.15). "인공지능 부하로 살지 않으려면"…0.002% ○○○스타가 돼야, ≪매일경제≫, https://www.mk.co.kr/news/it/10921157

Acemoglu, D. & Pascual, R.(2019). Automation and New Tasks: How Technology Displaces and Reinstates Labor. *Journal of Economic Perspectives, 33,* 3-30.

Frank, M., et al.(2019). Toward understanding the impact of artificial intelligence on labor aka "AI Labor Analysis Paper", *PNAS, 116*(14), 6531-6539.

Frey, C. & Osborne, M.(2017). The Future of Employment: How Susceptible Are Jobs to Computerisation?. *Technological Forecasting and Social Change, 114,* 254-280.

Michael, W.(2019). The Impact of Artificial Intelligence on the Labor Market. *Stanford University - Department of Economics,* 1-61.

Susskind, D.(2020). *A World Without Work: Technology,*

Automation, and How We Should Respond. Penguin Books Press.

Wilson, H., et al.(2018). The Jobs That Artificial Intelligence Will Create. *MIT Sloan Management Review, 58,* 14-16.

05

데이터 저작권

AI가 폭발적으로 성장하면서 데이터 저작권은 디지털 시대의 가장 첨예한 쟁점으로 부상했다. AI 기업들이 무분별하게 수집한 데이터를 둘러싼 법적 분쟁이 전 세계적으로 확산되고 있으며, 이는 AI 산업의 지속 가능성에 대한 근본적인 의문을 제기하고 있다. 특히 창작자들의 권리 보호와 AI 발전이라는 두 가치의 충돌은 새로운 법적, 윤리적 프레임워크의 필요성을 제기한다.

AI와 아이돌?

AI 학습 데이터를 둘러싼 법적 분쟁

2023년 말 뉴욕타임스가 오픈AI와 마이크로소프트를 상대로 제기한 저작권 침해 소송은 AI 학습 데이터를 둘러싼 법적 분쟁의 시발점이 되었다. 뉴욕타임스는 두 기업이 수백만 건의 기사를 무단으로 수집하여 AI 학습에 사용했으며, 이로 인해 막대한 경제적 손실이 발생했다고 주장했다. 특히 ChatGPT가 뉴욕타임스 기사의 전문을 그대로 재현할 수 있다는 점이 핵심 쟁점이 되었다. 이 소송은 AI 기업들의 '학습을 위한 데이터 수집'이 더 이상 묵인될 수 없는 단계에 이르렀음을 보여 준다.

게티 이미지(Getty Images)와 스태빌리티 AI(Stability AI)의 분쟁은 시각 데이터 영역에서 발생한 대표적 사례다. 스태빌리티 AI가 워터마크가 있는 게티 이미지의 사진까지 무단으로 수집하여 AI 모델 학습에 활용했다는 점이 밝혀지면서 양측의 갈등은 법정으로 이어졌다. 특히 스테이블 디퓨전이 생성한 이미지에서 게티 이미지의 워터마크가 그대로 나타나는 현상은 AI의 데이터 '도용'을 명백히 보여 주는 증거였다.

음악 산업에서도 유사한 분쟁이 발생하고 있다. 유니버설 뮤직 그룹(Universal Music Group)은 AI 음악 생성 기업들이 자사의 음원과 가사를 무단으로 사용하여 AI

를 학습시켰다고 주장하며, 이들 기업에 대한 법적 대응을 시작했다. 특히 AI가 특정 아티스트의 목소리나 스타일을 모방한 음악을 생성하는 것에 대해 아티스트의 저작권과 저작인격권 침해라는 새로운 법적 쟁점이 제기되었다.

이러한 법적 분쟁들은 몇 가지 중요한 시사점을 제공한다. 첫째, AI 학습을 위한 데이터 수집이 더 이상 '공정이용'의 범주로 인정받기 어려워졌다. AI 기업들은 이전까지 학습 목적의 데이터 수집을 '변형적 사용(transformative use)'이라고 주장해 왔으나, AI 모델이 원본에 가까운 결과물을 생성할 수 있게 되면서 이러한 주장의 설득력이 약화되었다.

둘째, 데이터 저작권 침해의 판단 기준이 더욱 복잡해지고 있다. AI 모델이 학습 데이터의 특징을 어느 정도까지 반영할 수 있는지, 어떤 수준의 유사성이 저작권 침해에 해당하는지에 대한 명확한 법적 기준이 아직 확립되지 않았다. 이는 향후 판례를 통해 구체화될 것으로 예상되지만, 기술의 발전 속도를 고려할 때 법적 판단이 항상 뒤처질 수밖에 없는 구조적 한계가 있다.

셋째, AI 기업들의 수익 모델과 데이터 확보 전략의 근본적인 재검토가 필요한 시점이다. 무료로 수집한 데이터로 AI를 학습시키는 현재의 비즈니스 모델은 더 이상 지속 가능하지 않다. 이는 AI 기업들이 데이터 제공자들과 공정한 수익 공유 모델을 개발해야 함을 의미하며, 이는 필연적으로 AI 서비스의 비용 구조에도 영향을 미칠 것이다.

이러한 법적 분쟁들은 단순한 개별 사례를 넘어, AI 시대의 지식재산권 체계가 직면한 근본적인 도전을 보여준다. 창작자의 권리 보호와 AI 기술 발전의 균형점을 찾는 것이 향후 핵심 과제가 될 것이다.

데이터 소유권의 재정의

데이터 소유권 문제는 AI 시대에 들어서면서 개념적 경계가 더욱 모호해지고 있다. 특히 개인 정보와 저작권, 공정 이용과 산업 발전이라는 다양한 가치가 충돌하면서, 데이터 소유권에 대한 근본적인 재검토가 필요한 시점이다. 이러한 변화의 핵심 쟁점들을 상세히 살펴보자.

개인 정보와 데이터 소유권의 충돌은 가장 첨예한 문제다. 예를 들어, SNS에 게시된 사진의 경우 초상권과 개인 정보는 게시자에게 있지만, 해당 게시물의 저작권은 플랫폼 기업이 가지고 있는 경우가 많다. 여기에 AI 기업이 이 데이터를 수집하여 학습에 활용할 경우, 소유권 관계는 더욱 복잡해진다. 실제로 페이스북은 자사 플랫폼의 사용자 데이터를 AI 학습에 활용할 수 있는 권한을 약관에 포함시켰는데, 이는 개인 정보 자기결정권과 충돌하는 지점이 있다.

'공정 이용' 개념의 확장과 한계도 중요한 쟁점이다. 전통적으로 공정 이용은 교육, 연구, 비평 등 공익적 목적의 제한된 사용을 의미했다. 그러나 AI 시대에는 대규모 데이터 수집과 학습이 불가피하며, 이것이 궁극적으로는 기술 발전과 사회 혁신으로 이어진다는 점에서 공정 이용의 범위를 넓혀야 한다는 주장이 제기된다. 반면 무분별한 공정 이용 확대는 창작자의 권리를 심각하게 침해할 수 있다는 우려도 존재한다.

데이터 라이선싱 모델도 빠르게 진화하고 있다. 기존의 단순 사용 허락 방식을 넘어 데이터의 사용 목적, 범위, 기간에 따라 차등화된 라이선스를 부여하는 '다층적 라이선싱' 모델이 등장했다. 예를 들어, 어도비(Adobe)는 자사의 이미지 데이터베이스에 대해 'AI 학습용 라이선스'를 별도로 신설하여 운영하고 있다. 이는 데이터의 가치를 더 정확하게 반영하고, 창작자의 권리도 보호할 수 있는 새로운 접근 방식이다.

집단 지성과 오픈소스 운동은 데이터 소유권에 대한

또 다른 도전을 제기한다. 위키피디아와 같은 집단 지성의 산물을 AI가 학습하는 것이 허용되어야 하는지, 오픈소스로 공개된 코드나 데이터셋을 AI 학습에 활용할 수 있는지 등의 문제가 제기되고 있다. 특히 오픈소스 라이선스의 대표적 형태인 일반 공공 라이선스(General Public License, GPL)가 AI 시대에도 여전히 유효한지에 대한 논쟁이 진행 중이다.

이러한 복잡한 문제들을 해결하기 위해서는 데이터 소유권에 대한 새로운 패러다임이 필요하다. 우선 '배타적 소유권' 개념에서 '공유와 통제권'의 개념으로 전환이 필요하다. 데이터는 본질적으로 비경합성과 비배제성을 지니므로 전통적인 소유권 개념을 그대로 적용하기 어렵다. 대신 데이터의 수집, 활용, 유통 과정에서 발생하는 이익을 공정하게 분배하고 그 과정을 투명하게 통제할 수 있는 체계가 필요하다.

또한 데이터의 사회적 가치를 인정하는 새로운 법적 프레임워크도 구축해야 한다. 예를 들어, 공공 데이터나 학술 데이터의 경우 AI 학습을 위한 접근성을 높이되, 그 활용 결과물이 다시 사회에 환원되도록 선순환 구조를 만들어야 한다. 이는 '데이터 커먼즈(Data Commons)'라는 새로운 개념으로 발전하고 있으며, 이를 통해 데이터의 공공재적 성격과 개인의 권리를 조화시키려는 시도가 이루어지고 있다.

AI 생성물의 저작권 문제

AI 생성물의 저작권 문제는 기존 저작권법 체계로는 해결하기 어려운 새로운 도전 과제를 제기하고 있다. 특히 AI가 만들어 내는 결과물의 완성도가 높아지면서 '창작의 주체'와 '저작권 귀속' 문제는 더욱 복잡해지고 있다. 이러한 문제의 핵심 쟁점들을 체계적으로 분석해 보자.

AI 창작물의 법적 지위는 현재 가장 뜨거운 논쟁 대상이다. 저작권법은 기본적으로 '인간의 사상이나 감정을 표현한 창작물'을 보호하는 것을 목적으로 한다. 그러나 AI가 생성한 글, 그림, 음악은 이러한 전통적 정의에 부합하지 않는다. 예를 들어, 미드저니로 만든 작품이 미국 저작권청의 저작권 등록을 거부당한 사례는 이러한 법적 공백을 잘 보여 준다. 특히 AI가 만든 작품이 예술 공모전에서 수상하는 등 완성도가 인정받고 있음에도 법적 보호를 받지 못하는 모순적 상황이 발생하고 있다.

인간-AI 협업 결과물의 저작권 귀속은 더욱 복잡한 문제를 제기한다. AI를 도구로 활용하여 창작을 하는 경우, 어디까지를 인간의 창작으로 볼 것인가? 예를 들어, 작가가 ChatGPT의 도움을 받아 소설을 쓴 경우, 최종 결과물에 대한 저작권은 어떻게 배분해야 하는가? 더구나 AI의 기여도를 정량적으로 측정하는 것도 현실적으로 불가능하다. 이는 협업의 방식과 정도에 따라 저작권 귀속을 차등화해야 할 필요성을 제기한다.

AI 표절 판단의 새로운 기준 설정도 시급하다. AI가 학습한 데이터의 특징을 반영하여 만든 결과물이 원본과 유사할 경우, 이를 표절로 봐야 하는가? 특히 음악이나 미술 분야에서는 AI가 특정 작가나 예술가의 스타일을 모방하는 것이 가능해졌는데, 이것이 저작권 침해에 해당하는지 판단하기 어렵다. 예를 들어, AI가 반 고흐 스타일로 그린 그림은 반 고흐의 저작권을 침해하는 것인가? 이는 '스타일'과 '표절'을 구분하는 새로운 기준이 필요함을 시사한다.

저작인격권과 AI 창작의 충돌도 심각한 문제다. 저작인격권은 창작자의 명예와 인격적 이익을 보호하는 권리인데, AI 창작물의 경우 이러한 보호가 필요한지, 필요하다면 누구의 인격적 이익을 보호해야 하는지가 불분명하다. 특히 AI가 생성한 콘텐츠가 원저작자의 의도나 평판을 훼손할 경우, 이에 대한 책임과 구제 방안이 모호하다.

이러한 문제들을 해결하기 위해서는 AI 창작물에 대한 새로운 법적 프레임워크가 필요하다. 우선 AI 창작물에 대해 기존의 저작권보다 보호 기간이 짧은 '준저작권' 개념을 도입하는 방안을 고려할 수 있다. 이는 AI 창작물의 경제적 가치는 인정하되, 인간의 창작물과는 차별화된 보호 체계를 제공하는 것이다.

또한 AI 창작 과정에서 인간의 기여도를 평가하는 구체적인 기준도 마련해야 한다. 프롬프트 작성, 결과물 선별, 후속 편집 등 인간의 창의적 개입이 있는 경우, 이를 저작권 인정의 근거로 삼을 수 있다. 이는 AI를 창작의 도구로 활용하는 것과 AI가 독자적으로 생성하는 것을 구분하는 중요한 기준이 될 것이다.

궁극적으로 AI 생성물의 저작권 문제는 창작의 본질과 가치에 대한 근본적인 성찰을 요구한다. 기술이 발전할수록 인간의 창의성과 AI의 생성 능력 사이의 경계는 더욱 모호해질 것이며, 이는 저작권법의 패러다임 전환을 필요로 한다. 이러한 변화는 단순한 법적 조정을 넘어 디지털 시대의 창작과 혁신을 촉진할 수 있는 새로운 제도적 기반이 되어야 할 것이다.

참고문헌

권유진·여성국(2024.1.2). 동의 없이 기사 읽고 똑똑해진 AI…韓 '저작권 전쟁' 시작됐다, ≪중앙일보≫, https://v.daum.net/v/20240102060045375

박신영(2023.12.28). "투자한 돈이 얼만데 뉴스 훔쳐가나"…NYT '오픈AI'와 전면전, ≪한국경제≫, https://v.daum.net/v/20231228175403305

윤지원(2023.11.13). "생성 AI, 제값 내고 뉴스 써라"…AI가 불지핀 저작권 논쟁, 뉴스1, https://v.daum.net/v/20231113185903358

Deltorn, J. M. & Franck, M.(2018). Authorship in the Age of Machine Learning and Artificial Intelligence. *in Research Handbook on the Law of Artificial Intelligence*, 1–25.

Grimmelmann, J.(2019). There's No Such Thing as a Computer–Authored Work. *Columbia Journal of Law & the Arts, 42*, 403–416.

Levendowski, A., et al.(2018). How Copyright Law Can Fix Artificial Intelligence's Implicit Bias Problem. *Washington Law Review, 93*, 579–630.

Sag, M.(2019). The New Legal Landscape for Text Mining and Machine Learning. *Journal of the Copyright Society of the USA, 66*, 291–340.

Samuelson, P.(2020). Text and Data Mining of In–Copyright Works: Is It Legal?. *Journal of the Copyright Society of the USA, 67*, 165–211.

Sobel, B.(2020). Artificial Intelligence's Fair Use Crisis. *Columbia Journal of Law & the Arts, 43*, 47–98.

06
데이터 품질과 편향성의 덫

AI 시스템의 성능과 신뢰성은 전적으로 학습 데이터의 품질에 의존한다. 아무리 정교한 알고리즘을 가진 AI라도 편향되거나 부정확한 데이터로 학습된다면 그 결과물 역시 신뢰할 수 없다. 특히 AI가 사회의 중요한 의사 결정에 관여하게 되면서 데이터 품질 관리는 단순한 기술적 과제를 넘어 윤리적 책무가 되고 있다.

AI와 야구?

AI 데이터셋의 품질 관리

AI 학습 데이터의 품질 관리는 마치 엄격한 품질 기준이 요구되는 반도체 제조 공정과 유사하다. 하나의 결함이 전체 시스템의 성능을 좌우할 수 있기에 데이터 수집부터 검증, 정제, 업데이트에 이르기까지 체계적인 관리는 필수다.

학습 데이터의 정확성과 대표성은 가장 기본적이면서도 달성하기 어려운 과제다. 예를 들어, 의료 AI를 개발하는 과정에서 특정 인종이나 연령대의 데이터가 부족하면 해당 그룹에 대한 진단 정확도가 현저히 떨어질 수 있다. 실제로 2023년 한 연구에 따르면, 주요 의료 AI 시스템들의 진단 정확도가 아시아인과 흑인에 대해서는 백인에 비해 15~20% 낮은 것으로 나타났다. 이는 학습 데이터에서 이들 인종의 데이터가 상대적으로 부족했기 때문이다.

데이터 라벨링의 품질 보장도 중요한 문제다. AI 학습을 위해서는 방대한 양의 데이터에 정확한 레이블을 부여해야 하는데, 이 과정에서 인적 오류가 발생하기 쉽다. 특히 의료 영상이나 법률 문서와 같이 전문성이 요구되는 분야에서는 라벨링의 정확성이 더욱 중요하다. 일례로 한 자율주행차 개발 기업은 교통 신호와 도로 표지판 데이터의 잘못된 라벨링으로 인해 심각한 안전 문제를 겪었다. 이를 해결하기 위해서는 전문가 검증, 교차 확인, 자동화된 품질 검사 등 다층적인 검증 체계가 필요하다.

데이터 검증과 정제 프로세스는 마치 정수 처리 과정과 같다. 원본 데이터에서 노이즈를 제거하고, 불완전한 데이터를 보완하며, 중복된 데이터를 걸러 내는 과정이 필요하다. 이 과정에서 데이터의 맥락을 유지하면서 품질을 개선하는 것이 중요하다. 예를 들어, 자연어 처리 모델을 위한 텍스트 데이터를 정제할 때, 단순히 오타나 문법적 오류를 수정하는 것을 넘어 문맥의 일관성과 의미의 명확성을 확보해야 한다.

데이터 업데이트와 버전 관리는 지속적인 품질 유지를 위해 필수적이다. 특히 실시간으로 변화하는 영역의 AI 시스템은 정기적인 데이터 업데이트가 생명과도 같다. 예를 들어, 금융 AI의 경우 시장 상황의 변화를 반영하지 못한 오래된 데이터로는 정확한 예측이 불가능하다. 따라서 데이터의 수명 주기를 관리하고, 변화하는 현실을 반영할 수 있는 업데이트 체계가 필요하다.

이러한 데이터 품질 관리는 상당한 비용과 시간을 요구한다. 그러나 이는 AI 시스템의 성능과 신뢰성을 좌우하는 핵심 투자다. 특히 AI가 중요한 의사 결정에 관여하는 영역에서는 데이터 품질 관리에 대한 투자를 아끼는 것이 오히려 더 큰 비용을 초래할 수 있다. 따라서 데이터 품질 관리를 위한 체계적인 프로세스와 투자 계획이 반드시 필요하다.

더불어 데이터 품질 관리는 단순히 기술적 과제가 아닌 조직 문화의 문제이기도 하다. 품질에 대한 높은 기준과 세심한 주의를 조직의 DNA로 만들어야 한다. 이는 데이터 과학자뿐만 아니라 경영진부터 현장 실무자까지 조직 전체가 공유해야 할 가치다.

데이터 편향으로 인한 차별

데이터 편향성은 AI 시스템이 특정 집단에 대해 체계적인 차별을 만들어 내는 근본 원인이 된다. 이는 단순한 기술적 결함을 넘어 사회적 불평등을 증폭시키고 고착화할 수 있는 심각한 문제다. AI가 의사 결정에 미치는 영향력이 커질수록 데이터 편향성으로 인한 차별 문제는 더욱 심각해지고 있다.

성별, 인종, 연령 등에 따른 사회적 편향성은 가장 광범위하게 나타나는 문제다. 이는 과거의 차별적 관행이 데이터에 반영되어 AI에 의해 재생산되는 현상이다. 예를 들어, 2023년 한 연구에 따르면 주요 이미지 생성 AI들이 '의사' 프롬프트에 대해 남성 이미지를, '간호사' 프롬프트에 대해 여성 이미지를 압도적으로 많이 생성하는 것으로 나타났다. 이는 의료 분야의 성별 고정 관념을 그대로 반영하고 있는 것이다.

금융과 채용 분야에서의 알고리즘 차별은 특히 심각한 결과를 초래할 수 있다. 한 대형 기술 기업의 채용 AI 시스템이 여성 지원자의 이력서를 전체적으로 낮게 평가한 사례가 있었는데, 이는 과거 채용 데이터에 내재된 성차별이 AI에 그대로 학습된 결과였다. 금융권에서도 신용 평가 AI가 특정 인종이나 지역 거주자에 대해 불리한 평가를 내리는 경향이 발견되었다. 이러한 알고리즘 차별은 개인의 실제 능력이나 신용도와 관계없이 단지 특정 집단에 속한다는 이유만으로 불이익을 주는 결과를 낳는다.

언어 모델의 문화적 편향성도 간과할 수 없는 문제다. 대형 언어 모델들은 주로 영어 데이터를 중심으로 학습되어 있어, 다른 언어와 문화에 대한 이해가 부족하거나 편향된 경우가 많다. 예를 들어, ChatGPT가 아시아 역사나 문화에 대해 서구 중심적 관점을 보이거나 특정 지역의 고유한 맥락을 제대로 이해하지 못하는 경우가 빈

번하게 발생한다. 이는 디지털 문화 제국주의로 이어질 수 있는 위험성을 내포한다.

AI 공정성 평가와 개선을 위해서는 체계적인 접근이 필요하다. 우선 데이터셋의 다양성과 포용성을 높이는 것이 기본이다. 이를 위해서는 적은 데이터 집단에 가중치를 부여하거나 기존 데이터의 편향성을 보정하는 작업이 필요하다. 예를 들어, 의료 AI 개발 시 다양한 인종과 연령대의 데이터를 균형 있게 확보하는 것 등이 있다.

또한 AI 시스템의 공정성을 정기적으로 감사하고 모니터링하는 체계도 구축해야 한다. 이는 단순히 결과물의 통계적 분석을 넘어 실제 사용 과정에서 발생할 수 있는 차별적 효과를 포괄적으로 평가하는 것을 의미한다. 예를 들어, 채용 AI의 경우 합격자 비율의 성별 균형뿐만 아니라 직무 수행 능력과 관련 없는 요소들이 의사 결정에 영향을 미치지 않는지도 검증해야 한다.

더불어 AI 개발팀의 다양성을 확보하는 것도 중요하다. 다양한 배경을 가진 개발자들이 참여할 때, 잠재적인 편향성을 더 쉽게 발견하고 해결할 수 있다. 한 연구에 따르면, 다양성이 높은 AI 개발팀이 만든 시스템이 그렇지 않은 팀의 시스템보다 편향성 문제가 적은 것으로 나타났다.

궁극적으로 데이터 편향성 문제는 기술적 해결책만으로는 충분하지 않다. 이는 우리 사회에 존재하는 구조적 불평등과 차별의 반영이기 때문이다. 따라서 AI의 공정성 확보를 위해서는 기술적 개선과 함께 사회적 인식의 변화와 제도적 개선이 동반되어야 한다. 이는 단기간에 해결될 수 있는 문제가 아니며 지속적인 모니터링과 개선 노력이 필요한 영역이다.

데이터 품질의 경제적 가치

데이터 품질은 AI 시스템의 성능을 결정하는 핵심 요소이자 기업의 경제적 가치와 직결되는 중요한 자산이다. 최근에는 고품질 데이터 확보가 AI 기업의 핵심 경쟁력으로 부각되면서 데이터 품질 관리에 대한 투자와 관심이 급증하고 있다. 이러한 현상의 구체적 양상과 의미를 알아보자.

고품질 데이터 확보를 위한 비용 구조는 매우 복잡하다. 수집부터 정제, 라벨링, 검증에 이르기까지 각 단계마다 상당한 비용이 발생한다. 특히 전문성이 요구되는 분야의 데이터 구축 비용은 더욱 높다. 예를 들어, 의료 AI를 위한 MRI 영상 데이터셋 구축 시, 영상 촬영 비용뿐만 아니라 전문의의 판독과 라벨링, 데이터 검증 등에 막대한 비용이 소요된다. 실제로 2024년 기준, 고품질 의료 데이터 1건당 평균 처리 비용은 100달러를 상회하는 것으로 나타났다.

데이터 품질과 AI 모델의 성능은 직접적인 상관관계를 보인다. 낮은 품질의 데이터로 학습된 AI는 오류를 범할 가능성이 높으며, 이는 곧바로 경제적 손실로 이어진다. 한 자율주행차 기업의 사례를 보면, 데이터 품질 개선에 투자한 1달러당 사고 위험 감소로 인한 경제적 이익이 평균 7달러에 달했다. 이는 데이터 품질 관리가 단순한 비용이 아닌 수익성 높은 투자임을 보여 준다.

데이터 품질 인증 제도의 필요성도 증가하고 있다. 현재 AI 시장에서는 데이터의 품질을 객관적으로 평가할 수 있는 표준화된 기준이 부족하다. 이로 인해 고품질 데이터의 가치가 제대로 인정받지 못하거나 낮은 품질의 데이터가 시장을 교란시키는 문제가 발생한다. 예를 들어, 한 스타트업이 개발한 AI 챗봇이 서비스 출시 후 심각한 오류를 보인 원인이 저품질 데이터 사용으로 밝혀졌지만, 이를 사전에 검증할 수 있는 체계가 없었다.

데이터 거버넌스와 품질 관리 체계는 기업의 장기적 경쟁력을 좌우한다. 체계적인 데이터 관리 시스템을 갖춘 기업은 그렇지 않은 기업에 비해 AI 개발 성공률이 3

배 이상 높은 것으로 나타났다. 특히 데이터의 수집, 저장, 처리, 활용 전 과정에 걸친 품질 관리 체계를 구축한 기업들은 AI 서비스의 신뢰성과 안정성 면에서 큰 우위를 보이고 있다.

이러한 맥락에서 데이터 품질 관리는 단순한 기술적 과제가 아닌 전략적 투자로 인식되어야 한다. 특히 다음과 같은 측면에서 데이터 품질의 경제적 가치를 평가할 수 있다.

리스크 관리 측면: 고품질 데이터는 AI 시스템의 오류를 최소화하여 잠재적 손실을 예방한다. 금융권의 경우, 데이터 품질 향상으로 인한 리스크 감소 효과가 연간 운영비의 15～20%에 달하는 것으로 조사되었다.

운영 효율성 측면: 정제된 고품질 데이터는 AI 모델의 학습 시간을 단축하고 유지 보수 비용을 절감한다. 실제로 데이터 품질 관리에 투자한 기업들은 AI 개발 주기가 평균 30% 단축된 것으로 나타났다.

시장 경쟁력 측면: 고품질 데이터를 보유한 기업은 새로운 AI 서비스 개발과 시장 진출에서 우위를 점할 수 있다. 특히 데이터의 독점성과 품질은 진입 장벽으로 작용하여 지속 가능한 경쟁 우위를 제공한다.

데이터 품질 관리는 AI 시대의 필수적인 경영 전략이 되어야 한다. 이는 단기적으로는 비용 증가 요인이 될 수 있지만, 장기적으로는 기업의 생존과 성장을 좌우하는 핵심 투자가 될 것이다. 특히 AI가 기업의 핵심 경쟁력으로 자리 잡은 현재, 데이터 품질에 대한 투자는 더 이상 선택이 아닌 필수다.

참고문헌

Barocas, S. & Andrew, D.(2016). Big Data's Disparate Impact. *California Law Review, 104*, 671–732.

Kenneth, H., et al.(2019). Improving Fairness in Machine Learning Systems: What Do Industry Practitioners Need?. *CHI '19, 600*, 1–16.

Mehrabi, N., et al.(2021). A Survey on Bias and Fairness in Machine Learning. *ACM Computing Surveys, 54*, 1–35.

Olteanu, A., et al.(2019). Social Data: Biases, Methodological Pitfalls, and Ethical Boundaries. *Frontiers in Big Data, 2*, 1–33.

Zou, J. & Londa, S.(2018). AI can be Sexist and Racist – It's Time to Make it Fair aka "Fair AI Paper". *Nature, 559*, 324–326.

07
AI 상업화와 거품론

AI 산업이 폭발적으로 성장하면서 과도한 기업 가치 산정과 수익 모델의 불확실성에 대한 우려가 커지고 있다. 특히 2024년 들어 주요 AI 기업들의 실적이 시장 기대에 미치지 못하면서, AI 거품론이 본격적으로 제기되고 있다. 이는 단순한 시장 조정을 넘어 AI 산업의 지속 가능성에 대한 근본적인 의문을 제기한다.

AI와 윤동주?

AI 기업의 과대평가 실태

AI 기업들의 기업 가치 산정이 실제 수익성이나 기술력과 큰 괴리를 보이는 현상이 심화되고 있다. 이는 2000년대 초반 닷컴버블과 유사한 양상을 보이는데, 당시와 마찬가지로 기술의 잠재력에 대한 과도한 기대가 합리적인 가치 평가를 왜곡하고 있다.

대표적으로 생성형 AI 스타트업들은 과도하게 산정된 기업 가치의 사례를 보여 준다. 예를 들어, 앤트로픽(Anthropic)은 2023년 말 기준 영업 이익이 적자임에도 불구하고 기업 가치가 200억 달러를 상회했다. 이는 같은 시기 100년 역사의 제조업체인 굿이어(Goodyear)의 기업 가치보다 높은 수준이다. 이러한 현상은 AI 기업들의 잠재적 성장성에 대한 시장의 과도한 낙관론을 반영한다.

실제 수익 모델과 기업 가치의 괴리도 심각한 수준이다. 대부분의 AI 기업은 아직 뚜렷한 수익화 전략을 제시하지 못하고 있다. 오픈AI의 ChatGPT는 출시 1년 만에 1억 명 이상의 사용자를 확보했지만, 높은 운영비로 인해 사용자당 순손실이 발생하고 있다. 컴퓨팅 비용, 데이터 처리 비용, 인프라 구축 비용 등을 고려하면 현재의 사업 모델로는 수익성 확보가 쉽지 않은 상황이다.

AI 유니콘 기업들의 재무 건전성을 분석해 보면 더욱 우려되는 상황이다. 2024년 초 기준, AI 분야 유니콘 기업 중 70% 이상이 영업 손실을 기록하고 있으며, 현금흐름도 지속적으로 악화되고 있다. 특히 연구 개발 비용과 인재 확보를 위한 인건비가 급증하면서, 대규모 자금 조달 없이는 기업 운영 자체가 어려운 구조적 문제를 안고 있다.

투자자들의 기대와 기술적 한계 사이의 충돌도 심화되고 있다. 투자자들은 AI가 단기간 내에 다양한 산업을 혁신할 것으로 기대하지만, 실제 기술 발전은 여러 한계에 직면해 있다. 예를 들어, 생성형 AI의 환각 현상이나 대형 언어 모델의 추론 능력 한계는 단기간 내에 해결하기 어려운 기술적 과제다. 이러한 기술적 한계가 시장의 기대치를 충족시키지 못할 경우, AI 기업들의 가치는 급격히 하락할 수 있다.

이러한 상황은 AI 산업이 거품 단계에 진입했을 가능성을 시사한다. 문제는 이러한 거품이 터질 경우, 단순한 시장 조정을 넘어 AI 기술 발전 자체가 지체될 수 있다는 점이다. 과도한 기업 가치 하락은 투자 위축으로 이어질 것이고, 이는 필수적인 연구 개발 투자의 감소로 이어질 수 있다.

따라서 AI 산업의 건전한 발전을 위해서는 보다 현실적인 가치 평가 기준이 필요하다. 단순히 사용자 수나 기술의 잠재력이 아닌, 실질적인 수익 모델과 기술력을 기반으로 한 평가가 이루어져야 한다. 또한 AI 기업들도 지속 가능한 수익 구조 확보를 위한 노력을 강화해야 할 것이다. 이는 단기적인 성장보다는 장기적인 가치 창출에 초점을 맞추는 것을 의미한다.

잉여 데이터의 소진과 한계

AI 산업이 직면한 가장 심각한 도전 과제 중 하나는 양질의 학습 데이터 부족이다. 이는 마치 석유 산업에서 저비용 유전이 고갈되는 것과 유사한 현상으로 AI 발전의 근본적인 제약 요인이 되고 있다. 이러한 데이터 소진 문제의 구체적인 양상과 영향을 살펴보자.

AI 학습에 사용 가능한 고품질 데이터 부족 현상이 갈수록 심화되고 있다. 특히 대형 언어 모델의 경우, 양질의 텍스트 데이터가 이미 상당 부분 소진된 상태다. 2024년 초 한 연구에 따르면, 인터넷상의 고품질 텍스트 데이터 중 약 80%가 이미 주요 AI 기업들의 학습 데이터로 사용되었다. 남은 20%의 데이터도 대부분 특수 목적이나 전문 분야의 텍스트여서 범용 AI 학습에는 적합하지 않다. 이는 마치 쉽게 채굴할 수 있는 석유는 이미 고갈되고 채굴이 어려운 심해 유전만 남은 상황과 유사하다.

데이터 재사용으로 인한 품질 저하도 심각한 문제다. AI 기업들은 데이터 부족을 해결하기 위해 기존 데이터를 재활용하거나 변형하는 방식을 사용하고 있다. 그러나 이는 마치 재활용 종이를 계속 사용할 때 품질이 저하되는 것처럼 AI 모델의 성능 저하로 이어진다. 예를 들어, 이미지 생성 AI의 경우 재사용된 데이터로 학습된 모델은 독창적인 이미지 생성 능력이 떨어지고, 기존 이미지의 특징을 단순 조합하는 수준에 머무는 경향이 있다.

새로운 데이터 확보의 어려움은 비용 측면에서도 큰 부담이 된다. 초기에는 인터넷상의 공개 데이터를 무료로 수집할 수 있었지만, 이제는 데이터 생산자들이 적절한 보상을 요구하고 있다. 예를 들어, 뉴욕타임스나 게티 이미지와 같은 콘텐츠 제공자들이 AI 학습용 데이터 사용에 대해 거액의 라이선스 비용을 요구하기 시작했다. 이는 AI 기업들의 운영비를 크게 증가시키는 요인이 되고 있다.

데이터 고갈이 AI 발전에 미치는 영향은 매우 광범위하다. 우선 AI 모델의 성능 향상이 둔화될 수 있다. GPT-4 이후 출시된 대형 언어 모델들이 혁신적인 성능 향상을 보여 주지 못하는 것도 이러한 데이터 한계와 무관하지 않다. 또한 데이터 확보 비용 증가는 AI 개발의 진입 장벽을 높여 소수 대기업의 시장 독점을 강화할 수 있다.

이러한 데이터 소진 문제를 해결하기 위해서는 새로운 접근 방식이 필요하다. 첫째, 데이터 생성 자체를 자동화하는 기술 개발이 필요하다. 예를 들어, 합성 데이터 생성이나 데이터 증강 기술을 고도화하여 고품질 학습 데이터를 인공적으로 만들어 내는 방식이다. 둘째, 적은 데이터로도 효과적인 학습이 가능한 '데이터 효율적 학습' 기술의 개발이 중요하다. 이는 마치 저연비 엔진의 개발이 석유 고갈 문제에 대한 하나의 해결책이 된 것과 유사하다.

더불어 데이터 생태계의 건전한 발전을 위한 제도적 장치도 필요하다. 데이터 생산자들에 대한 공정한 보상 체계를 구축하고, 데이터 품질을 인증하는 표준화된 시스템을 도입하는 등의 노력이 요구된다. 이는 단기적으로는 비용 증가 요인이 되겠지만, 장기적으로는 지속 가능한 AI 발전의 토대가 될 것이다.

AI 산업의 지속 가능성 과제

AI 산업은 현재 기술적 가능성과 현실적 제약 사이에서 중대한 기로에 서 있다. 지속 가능한 성장을 위해서는 수익성 확보, 비용 구조 개선, 서비스 차별화 등 여러 과제들을 해결해야 한다. 이러한 도전 과제들의 본질을 파악하고 해결 방안을 모색해 보자.

수익 모델 부재의 구조적 원인은 AI 서비스의 독특한 특성에서 비롯된다. AI 서비스는 개발 단계에서 막대한 초기 투자가 필요한 반면, 한계 생산 비용은 매우 낮은 구조를 가진다. 제약 산업처럼 신약 개발에는 천문학적인 비용이 들지만 이후 약품 생산 비용은 상대적으로 낮은 것과 비슷하다. 문제는 제약 산업과 달리 AI 서비스는 특허 보호가 어렵고 모방이 쉽다는 점이다. 예를 들어, ChatGPT의 성공 이후 수많은 유사 서비스가 등장했으나 대부분이 수익화에 실패하고 있다.

데이터 확보 비용의 지속적 상승은 AI 기업들의 수익성을 더욱 악화시키고 있다. 초기에는 무료로 수집할 수 있었던 데이터들이 이제는 상당한 비용을 지불해야 하는 상황이 되었다. 특히 고품질 데이터의 경우 가격이 기하급수적으로 상승하고 있다. 한 연구에 따르면 AI 학습용 데이터의 평균 구매 비용이 2023년 대비 2024년에 3

배 이상 증가했다. 이는 마치 원자재 가격 상승으로 인해 제조업체들이 어려움을 겪는 것과 유사한 현상이다.

AI 서비스의 차별화 어려움도 심각한 문제다. 대부분의 AI 서비스들이 유사한 기술과 데이터를 기반으로 하다 보니 사용자들이 체감하는 서비스 간 차이가 크지 않다. 예를 들어, 이미지 생성 AI들은 대부분 비슷한 수준의 결과물을 만들어 내며, 챗봇 서비스들도 유사한 응답 패턴을 보인다. 이러한 상황에서는 가격 경쟁이 불가피하며, 이는 수익성 악화로 이어진다.

지속 가능한 AI 생태계 구축을 위해서는 다음과 같은 방향성이 필요하다.

첫째, 수직 계열화를 통한 가치 사슬 통제가 필요하다. 데이터 수집부터 모델 개발, 서비스 제공까지 전 과정을 통합적으로 관리함으로써 비용 효율성을 높이고 서비스 차별화를 달성할 수 있다. 예를 들어, 애플이 자체 AI 칩을 개발하고 있는 것은 이러한 전략의 일환이다.

둘째, 틈새시장 전략이 필요하다. 범용 AI 시장에서의 경쟁보다는 특정 산업이나 용도에 특화된 AI 설루션 개발에 집중하는 것이 효과적일 수 있다. 의료 AI나 법률 AI처럼 전문성이 요구되는 영역에서는 아직도 높은 진입 장벽과 수익성이 유지되고 있다.

셋째, 구독 모델과 같은 안정적인 수익 구조 확립이 중요하다. 일회성 판매나 광고 수익에 의존하는 것보다 지속적인 수익이 발생하는 비즈니스 모델을 구축해야 한다. 기업용 AI 서비스 시장이 상대적으로 안정적인 성장을 보이는 것도 이러한 구독 모델이 가능하기 때문이다.

넷째, 오픈소스 커뮤니티와의 협력도 중요한 전략이 될 수 있다. 모든 것을 자체 개발하려하기보다는 오픈소스를 활용하여 개발 비용을 절감하고 혁신의 속도를 높일 수 있다. 이는 마치 리눅스가 서버 운영 체제 시장에서 성공한 것과 유사한 전략이다.

결론적으로 AI 산업의 지속 가능성은 기술 혁신만으로는 달성할 수 없다. 건전한 수익 구조 확립, 효율적인 비용 관리, 명확한 차별화 전략이 함께 이루어져야 한다. 이는 단기적인 성과보다는 장기적인 관점에서의 전략적 접근을 필요로 한다. AI 거품론이 제기되는 현재야말로 이러한 근본적인 변화를 모색할 적기일 것이다.

참고문헌

고은이(2024.7.26). "AI 학습용 데이터, 인공지능으로 제작", ≪한국경제≫, https://v.daum.net/v/20240726172702934

곽수근(2024.7.30). AI 데이터만 배운 AI… 엉뚱한 대답 많더라,

≪조선일보≫,
https://v.daum.net/v/20240730004558329
변지희(2024.7.26). AI 학습 데이터 고갈 다가오는데… "합성 데이터 활용 대안 아냐", 조선비즈,
https://v.daum.net/v/20240726165618011
팽동현(2024.6.23). AI열풍 속 고갈되는 학습데이터… '합성데이터' 돌파구 될까, ≪디지털타임스≫,
https://v.daum.net/v/20240623172419237
Agrawal, A., et al.(2019). *The Economics of Artificial Intelligence: An Agenda*. University of Chicago Press.
Goldfarb, A. & Catherine, T.(2019). Digital Economics. *Journal of Economic Literature*, *57*, 3-43.
Jin, G. Z.(2019). *Artificial Intelligence and Consumer Privacy*. University of Chicago Press.
Kenney, M. & John, Z.(2020). The Platform Economy: Restructuring the Space of Capitalist Accumulation. *Economy and Society*, *13*, 55-76.
Seamans, R. & Manav, R.(2018). *AI, Labor, Productivity and the Need for Firm-Level Data*. NBER Working Paper.

08
데이터 센터와 환경 문제

AI 기술의 발전 이면에는 막대한 환경 비용이 숨어 있다. 특히 데이터 센터의 급증하는 전력 소비는 기후 변화 시대에 심각한 도전 과제가 되고 있다. 이는 단순한 환경 문제를 넘어 에너지 안보와 지정학적 패권 경쟁으로까지 확대되고 있으며, 새로운 형태의 자원 전쟁을 예고하고 있다.

AI와 한의학?

AI 발전의 숨겨진 비용

AI 시스템의 학습과 운영에 필요한 환경 비용은 빙산의 일각과 같다. 겉으로 드러난 서비스의 편리함 이면에는 엄청난 양의 에너지 소비와 탄소 배출이 숨어 있다. 이러한 환경 비용의 실체를 구체적으로 살펴보자.

데이터 센터의 전력 소비는 기하급수적으로 증가하고 있다. 2024년 기준, 전 세계 데이터 센터의 연간 전력 소비량은 약 1조 킬로와트시로, 이는 영국의 연간 전력 소비량과 맞먹는 수준이다. 특히 ChatGPT와 같은 대형 언어 모델의 등장으로 전력 소비는 더욱 가파르게 증가하고 있다. 한 연구에 따르면, GPT-4 모델을 한 번 학습시키는 데 필요한 전력량은 일반 가정의 30년 치 전력 소비량과 맞먹는다.

GPU 서버의 에너지 효율성 문제도 심각하다. AI 학습에 필수적인 GPU는 일반 CPU에 비해 전력 소비가 훨씬 높다. 예를 들어, 엔비디아(NVIDIA)의 최신 AI 전용 GPU인 H100은 단일 칩당 최대 700와트의 전력을 소비하는데, 이는 고성능 게임용 GPU의 3배 이상이다. 더구나 AI 학습을 위해서는 수천 개의 GPU를 병렬로 연결해야 하므로 전체 전력 소비량은 천문학적인 수준에 이른다.

냉각 시스템의 환경적 영향도 간과할 수 없다. GPU 서버에서 발생하는 열을 식히기 위해서는 막대한 양의 냉각수와 에너지가 필요하다. 특히 여름철에는 냉각에 필요한 전력이 전체 데이터 센터 전력 소비의 40%까지 차지하기도 한다. 더구나 냉각수의 증발은 수자원 고갈 문제로까지 이어질 수 있다.

AI 훈련 과정의 탄소 배출량도 심각한 수준이다. 2023년 한 연구에 따르면, 대형 AI 모델 하나를 학습시키는 과정에서 발생하는 탄소 배출량은 자동차 500대가 1년 동안 배출하는 양과 맞먹는다. 특히 모델의 성능을 향상시키기 위해 반복적인 학습과 실험이 필요한데, 이 과정에서 발생하는 추가적인 탄소 배출은 집계조차 되지 않고 있다.

이러한 환경 비용은 AI 기술의 지속 가능성에 심각한 의문을 제기한다. 특히 우려되는 점은 AI 기술이 발전할수록 이러한 환경 비용이 더욱 증가한다는 것이다. 예를 들어, AI 모델의 성능을 두 배로 높이기 위해서는 학습에 필요한 컴퓨팅 전력이 최소 8배 이상 증가하는 것으로 알려져 있다. 이는 AI 발전이 현재 방식으로는 지속 가능하지 않을 수 있음을 시사한다.

따라서 AI 산업의 건전한 발전을 위해서는 환경 비용

을 정확히 인식하고, 이를 최소화하기 위한 기술적, 제도적 노력이 필요하다. 이는 단순히 환경 보호의 차원을 넘어, AI 기술의 장기적 생존과 직결되는 문제라고 할 수 있다.

친환경 데이터 센터로의 전환

데이터 센터의 전력 문제가 심각해지면서, 빅테크 기업들은 소형모듈원전(Small Modular Reactor, SMR)을 주목하고 있다. 이는 단순한 에너지 수급의 문제를 넘어 새로운 지정학적 경쟁으로 확대되고 있으며, 에너지 자원을 둘러싼 국제적 갈등의 새로운 양상을 보여 준다.

마이크로소프트는 2024년 초 테라파워(TerraPower)와의 협력을 통해 데이터 센터 전용 SMR 개발 계획을 발표했다. 이는 전통적인 원자력 발전소의 1/10 크기로, 데이터 센터의 안정적인 전력 공급이 가능하다. 특히 재생 에너지의 간헐성 문제를 해결하면서도 탄소 배출이 없다는 점에서 주목받고 있다. 아마존과 구글도 유사한 프로젝트를 검토 중이며, 이는 데이터 센터의 에너지 자립이라는 새로운 패러다임을 제시한다.

중국의 자원 통제 전략은 이러한 변화를 더욱 가속화하고 있다. 중국은 세계 희토류 생산의 80% 이상을 차지하고 있는데, 이는 데이터 센터의 핵심 부품 생산에 필수적이다. 2023년 말 중국이 희토류 수출 제한을 시사하면서 미국과 유럽의 빅테크 기업들은 에너지 공급망의 다변화를 더욱 적극적으로 모색하기 시작했다. SMR에 대한 관심 증가는 이러한 지정학적 긴장과 무관하지 않다.

이러한 맥락에서 트럼프의 그린란드 매입 발언은 시사하는 바가 크다. 표면적으로는 광물 자원 확보가 목적이었으나 실제로는 데이터 센터 부지 확보가 주요 동기였다는 분석이 지배적이다. 그린란드의 차가운 기후는 데이터 센터 냉각에 이상적이며, 풍부한 수력 발전 잠재력은 안정적인 전력 공급을 가능하게 한다. 이는 데이터 센터 부지가 새로운 전략적 자산으로 부상하고 있음을 보여 준다.

열 재활용 시스템의 도입도 주목할 만한 변화다. 메타는 덴마크 오덴세의 데이터 센터에서 발생하는 폐열을 지역 난방에 활용하는 프로젝트를 시작했다. 이를 통해 연간 10만 가구의 난방을 해결할 수 있게 되었다. 구글도 핀란드 하미나 데이터 센터의 폐열을 이용해 도시 전체의 난방을 책임지고 있다. 이는 데이터 센터의 환경 부담을 줄이면서도 사회적 가치를 창출하는 좋은 사례다.

고효율 냉각 기술의 발전도 계속되고 있다. 마이크로

소프트는 해저 데이터 센터 프로젝트 '나틱(Natick)'을 통해 혁신적인 냉각 설루션을 제시했다. 바다 속에 설치된 데이터 센터는 자연 냉각이 가능해 에너지 효율이 육상의 2배 이상 높다. 애플은 덴마크 비보르에 건설 중인 데이터 센터에 자연 공기 냉각 시스템을 도입했는데, 이를 통해 냉각에 필요한 에너지를 70% 이상 절감할 수 있게 되었다.

이러한 변화들은 데이터 센터가 단순한 IT 인프라를 넘어 에너지와 환경, 국제 정치가 교차하는 전략적 자산으로 진화하고 있음을 보여 준다. 특히 SMR와 같은 혁신적 에너지 설루션의 등장은 데이터 센터의 미래가 단순한 친환경화를 넘어 에너지 자립과 지정학적 경쟁력의 문제로 확장되고 있음을 시사한다. 이는 향후 AI 산업의 발전 방향이 단순한 기술 혁신을 넘어 에너지 안보와 국제 정치의 맥락에서 재조명되어야 함을 의미한다.

AI 산업의 환경 책임

AI 산업의 급속한 성장은 환경에 대한 기업의 책임과 의무에 관한 근본적인 질문을 제기한다. ESG(환경 · 사회 · 지배 구조) 경영이 글로벌 스탠더드로 자리 잡은 상황에서 AI 기업들의 환경 책임은 더 이상 선택이 아닌 필수가 되었다. 이러한 변화의 구체적 양상과 대응 방안을 살펴보자.

ESG 관점에서의 AI 발전 전략은 이제 기업 가치 평가의 핵심 요소가 되고 있다. 투자자들은 AI 기업의 환경 영향을 면밀히 관찰하고 있으며, 이는 기업의 주가와 자금 조달에 직접적인 영향을 미친다. 예를 들어, 2024년 초 마이크로소프트의 주가가 급등한 배경에는 자사 데이터 센터의 탄소중립 달성 계획이 긍정적으로 작용했다. 반면, 환경 대응이 미흡한 기업들은 투자 유치에 어려움을 겪고 있다.

환경 규제 대응은 AI 기업들의 새로운 도전 과제다. EU는 2024년부터 대형 데이터 센터에 대한 탄소 배출 규제를 강화했으며, 2026년부터는 모든 데이터 센터에 대해 탄소발자국 공시를 의무화할 예정이다. 미국도 바이든 행정부 출범 이후 데이터 센터의 환경 영향에 대한 규제를 강화하고 있다. 이러한 규제 강화는 AI 기업들에게 상당한 비용 부담을 안기지만, 장기적으로는 산업의 지속 가능성을 높이는 계기가 될 것이다.

지속 가능한 AI 생태계 구축을 위해서는 기업 차원의 구체적인 실천이 필요하다. 우선 AI 모델의 설계 단계부터 에너지 효율성을 고려해야 한다. 예를 들어, OpenAI

는 GPT-4 개발 과정에서 모델의 크기를 줄이면서도 성능은 유지하는 '모델 압축' 기술을 적극 활용했다. 구글은 'AI for Good' 프로그램을 통해 환경 문제 해결을 위한 AI 기술 개발에 투자하고 있다.

국제 협력과 표준화도 중요한 과제다. AI 기업들은 'Green Software Foundation'과 같은 국제 협의체를 통해 환경친화적 소프트웨어 개발 표준을 만들어 가고 있다. 특히 탄소 배출량 측정과 보고에 대한 표준화된 방법론 개발이 시급하다. 현재는 기업마다 다른 기준을 적용하고 있어, 환경 영향을 객관적으로 비교하기 어려운 상황이다.

AI 기업들의 환경 책임은 단순한 비용이 아닌 새로운 기회가 될 수 있다. 환경친화적 AI 기술 개발은 에너지 비용 절감으로 이어질 수 있으며, 이는 기업의 장기적 경쟁력 강화에 기여할 것이다. 또한 기후 변화 대응과 같은 글로벌 환경 문제 해결에 AI 기술을 활용함으로써 기업의 사회적 가치를 높일 수 있다.

그러나 이러한 변화는 개별 기업의 노력만으로는 달성하기 어렵다. 정부, 기업, 시민사회가 함께 참여하는 거버넌스 체계가 필요하다. 특히 AI 기술의 환경 영향을 평가하고 모니터링하는 독립적인 기구의 설립이 필요하다. 이를 통해 AI 산업의 환경 책임이 실질적인 성과로 이어질 수 있도록 해야 할 것이다.

이러한 맥락에서 AI 기업들의 환경 책임은 단순한 윤리적 의무를 넘어 비즈니스의 핵심 전략이 되어야 한다. 이는 기업의 지속 가능성과 직결되는 문제이며, 동시에 AI 기술이 인류의 발전에 기여할 수 있는 기회이기도 하다. AI 산업이 진정한 의미의 혁신을 이루기 위해서는 환경 책임을 핵심 가치로 삼아야 할 것이다.

참고문헌

Andrae, A. & Edler, T.(2015). On Global Electricity Usage of Communication Technology: Trends to 2030. *Energy Trends Paper*, *6*, 117–157.

Belkhir, L. & Ahmed, E.(2018). Assessing ICT Global Emissions Footprint: Trends to 2040 & Recommendations. *Journal of Cleaner Production*, *177*, 448–463.

Lacoste, A., et al.(2019). Quantifying the Carbon Emissions of Machine Learning. *arXiv:1910.09700*, 1–8.

Maria, A., et al.(2017). Trends in Data Centre Energy Consumption under the European Code of Conduct for Data Centre Energy Efficiency. *Energies*, *10*, 1–18.

Mytton, D. (2020). Data Centre Water Consumption. *Clean Water*, *11*, 1–6.

Nicola, J.(2018). How to Stop Data Centres from Gobbling Up the World's Electricity. *Nature*, *561*, 163–166.

Patterson, D., et al.(2021). Carbon Emissions and Large Neural Network Training. *Computers and Society*, 1-11.

Schwartz, R., et al.(2020). Green AI. *Communications of the ACM, 63*, 54-63.

Strubell, E., et al.(2020). Energy and Policy Considerations for Deep Learning in NLP. *NLP Energy Paper, 34,* 13693-13696.

09
라인 야후 갈등

2023년 말, 일본 디지털 시장을 뒤흔든 라인과 야후재팬의 데이터 공유 중단 사태는 디지털 시대의 새로운 패권 경쟁을 상징적으로 보여 준다. 이는 단순한 기업 간의 갈등을 넘어 AI 시대에 데이터가 가지는 전략적 가치와 데이터 주권을 둘러싼 새로운 형태의 경쟁을 예고하는 사건이었다. 특히 아시아 디지털 시장에서 벌어진 이 갈등은 글로벌 디지털 생태계의 재편을 암시하는 중요한 전환점이 되고 있다.

AI와 화장품?

데이터 공유 중단의 배경

데이터 공유 중단의 배경을 살펴보면서 라인 야후 갈등의 본질적 원인을 파악할 수 있다. 이 사건의 직접적 시작은 2023년 11월 네이버 클라우드 서버의 해킹으로 라인 야후의 개인 정보 51만여 건이 유출된 사고에서 비롯되었다. 이는 단순한 보안 사고를 넘어 일본 사회에 잠재된 한국 기업에 대한 불신과 우려를 수면 위로 끌어올리는 계기가 되었다.

라인은 네이버가 만든 모바일 메신저로 전 세계적으로 약 1억 8000만 명의 사용자를 보유하고 있다. 특히 주목할 점은 전체 사용자의 절반이 넘는 9500만 명이 일본인이라는 사실이다. 일본 인구 1억 2200만 명 중 약 4분의 3이 사용하는 셈이다. 고령자와 어린이를 제외하면 사실상 일본인 대부분이 사용하는 국민 메신저인 것이다.

네이버의 일본 진출 과정은 순탄치 않았다. 2000년 첫 진출 당시 '네이버재팬'을 설립하고 검색 중심의 포털 서비스를 선보였으나 성과는 부진했다. 2005년 첫 번째 철수를 경험했고, 2007년 재진출 시에는 한국의 '지식인' 서비스를 도입하고 일본 포털사이트 '라이브도어'까지 인수하는 등 다양한 시도를 했지만 2013년 다시 한번 사업을 정리해야 했다.

그러나 네이버는 포기하지 않았다. 지진 등의 영향으로 전화와 문자가 두절되는 일본의 특수한 상황에 착안하여 '외부 환경 걱정 없는 지인 간 커뮤니케이션 수단'을 고민했고, 그 결과물이 라인 메신저 서비스였다. 통화 요금이 비싼 일본에서 무료 메시지와 무료 음성 통화 기능은 큰 호응을 얻었고, 아기자기한 이모티콘 캐릭터로 젊은 층의 지지를 확보하며 일본 국민 메신저로 자리 잡았다.

하지만 네이버의 여러 차례 실패 배경에는 일본의 자국중심주의가 있었다. 해외 기업, 특히 한국 기업이 자국 내에서 성공하는 모습을 긍정적으로 보지 않았다. 이러한 문제를 해결하기 위해 네이버는 철저한 현지화 전략을 취했다. 일본 현지 경영진을 채용하고, 도쿄에 본사를 두었으며, 이사회의 절반을 일본인으로 구성하는 등의 노력을 기울였다.

더 나아가 2019년에는 야후 재팬과의 합병을 결정했다. 라인과 야후 재팬의 운영사인 Z홀딩스가 경영 통합을 이루면서, 네이버는 일본 시장에서 검색, 메신저, 핀테크, 온라인 쇼핑 등 다양한 서비스를 제공하는 통합 플랫폼을 구축하게 되었다. 통합 과정에서 네이버는 절반의 지분을 소프트뱅크 야후에 넘겼고, 그 결과 탄생한 것이 라인 야후다.

그러나 50대50의 동등한 지분 구조에도 불구하고, 핵심 개발 인력 대부분이 한국인이었다는 점은 지속적인 논란의 대상이 되었다. 이는 단순히 기업 간 경영권 문제를 넘어 국가 안보와 직결된 데이터 주권의 문제로 확대되었다. 결국 2023년 발생한 개인 정보 유출 사고는 이러한 잠재된 갈등이 표면화되는 결정적 계기가 되었다.

일본 여론은 즉각 들끓었다. '국민 메신저를 한국이 관리하는 것도 마음에 안 드는데 자신들의 개인 정보가 관리 부실로 유출되었다'는 분노가 터져 나왔다. 이는 결국 일본 정부의 직접적인 개입으로 이어졌고, 데이터 주권을 둘러싼 한일 간의 첨예한 대립이 시작되었다.

데이터 주권을 둘러싼 대립

데이터 주권을 둘러싼 대립은 2024년 3월 5일 일본 총무성이 네이버에 1차 행정 지도를 내리면서 본격화되었다. 행정 지도는 일정한 목적을 달성하기 위해 기업 등에 대하여 조언과 설득 등을 통해 지도하는 것을 의미한다. 쉽게 말해 '강제 명령'인 것이다. 총무성 의도는 분명했다. 네이버가 보유한 지분을 일본 기업에 매각하라는 것이었다. 둘의 지분이 정확히 반반이었기에 단 1주라도 넘어가는 순간 경영권 상실로 이어지고, 명실상부하게 일본 기업이 되는 것이다.

행정 지도의 표면적 이유는 '네이버에 시스템 업무를 과도하게 의존했기 때문'이었다. 총무성은 이를 개선하기 위한 계획 마련을 촉구함과 동시에 '네이버와의 자본 관계 재검토'를 요구했다. 이는 매우 이례적인 조치였다. 기업과 기업 간 관계에서 정부가 민간 기업에 직접 지분 매각을 요청한 것이다. 이에 라인 야후는 데이터 유출 사태를 방지하기 위한 계획서를 총무성에 제출했다.

하지만 총무성은 며칠 후인 4월 16일 2차 행정 지도를 발행했다. 라인 야후의 재발 방지 대책이 불충분하다며 '자본 관계 검토'를 포함한 더 적극적인 조치를 정리한 보고서를 7월 1일까지 제출하라고 요구했다. 통상적으로 개인 정보 해킹이 발생하면 정부는 해당 기업에 책임을 묻고 과징금을 부과하거나, 보안 기술 보완을 요구하거나, 데이터 관리 서버를 자국으로 이전하도록 하는 것이 일반적이다. 그러나 일본 정부가 요구한 것은 자본 관계 정리였다.

이는 일본 정부가 자국의 국민 메신저에 외국 기업의 영향력이 미치는 것을 국가 안보 문제로 인식했다는 것을 의미한다. 데이터 유출 사고의 원인과 기업의 지분 구조가 직접적인 인과 관계가 없고, 라인 야후가 재발 방지 대책을 제시했음에도 총무성이 두 차례나 행정 지도를 내린 것은 매우 이례적인 일이었다.

이러한 상황에서 우리나라 정부도 대응에 나섰다. 사태를 지켜보다 4월 30일 과학기술정보통신부는 "네이버와 협의 중이며 동향을 주시하며 지원하겠다"는 메시지를 내놓았다. 5월 10일에는 "일본 정부의 라인 지분 매각 압박에 유감을 표명하며, 부당 조치에 강력 대응할 것"이라고 발표했다. 대통령실은 우선 네이버가 자신의 입장을 명확히 해야 한다고 표명했다. 그러나 그사이 5월 8일, 신중호 라인 야후 최고제품책임자가 사내 이사에서 물러나면서 사내 이사 4명이 모두 일본인으로 채워지는 상황이 발생했다.

이러한 대립 구도 속에서 5월 14일 네이버는 우리나라 정부에 라인 야후 지분을 매각하지 않겠다는 입장을 전달했다. 이에 대통령실은 네이버가 지분 매각이 없더라도 일본 정부가 우리 기업에 불이익을 주는 등 불리한 조치를 해서는 안 된다고 경고했다.

디지털 패권 경쟁의 새로운 양상

디지털 패권 경쟁의 새로운 양상은 라인 야후 사태와 유사한 형태로 전 세계에서 벌어지고 있다. 대표적인 사례가 미국에서 발생한 틱톡 규제다. 2024년 4월 24일 미국 바이든 대통령은 중국 바이트댄스의 틱톡 금지 법안에 서명했다. 법무부는 틱톡이 1억 7000만 사용자의 민감한 데이터를 대량으로 수집하고 있으며, 여기에는 사용자들의 정확한 위치, 시청 습관, 개인 메시지 등의 정보가 포함된다고 밝혔다.

이러한 규제는 국가 간 디지털 패권 경쟁이 새로운 국면에 접어들었음을 보여 준다. 법안이 통과됨에 따라 바이트댄스는 최소 270일에서 최대 1년 이내에 틱톡을 매각해야 하며, 불응할 경우 미국 시장에서 퇴출된다. 더욱이 미국 정부는 2024년 8월 바이트댄스가 아동 개인정보를 부모 동의 없이 수집했다는 이유로 추가 고소를 진행했다.

중국 정부도 이에 맞대응했다. 상무부는 "틱톡의 판매 또는 매각에는 기술 수출이 포함되어 있으며, 중국 법률 및 규정에 따른 허가 절차를 거쳐야 한다"고 선언했다. 이는 자국 기업을 보호하겠다는 의지를 표명함과 동시에 중국 정부의 허가 없이는 매각이 불가능하다는 점을 분명히 한 것이다.

이러한 디지털 패권 경쟁은 EU에서도 나타난다. EU

는 디지털시장법과 일반 데이터 보호 규칙을 제정하여 역내 디지털 시장을 보호하고 있다. 중국 역시 미국의 왓츠앱을 자국 앱스토어에서 퇴출시켰으며, 자국의 주요 데이터 해외 이전을 엄격히 통제하고 있다.

이러한 현상의 핵심에는 '데이터 주권'이라는 새로운 개념이 자리 잡고 있다. 4차 산업 혁명 시대에서 데이터는 단순한 정보를 넘어 국가 경쟁력과 직결되는 전략적 자원이 되었다. 특히 AI 발전이 가속화되면서 데이터의 중요성은 더욱 커지고 있다. 각국은 자국민의 데이터가 해외로 유출되어 국가 안보에 위협이 되는 것을 막기 위해 다양한 규제를 도입하고 있다.

그러나 이러한 보호주의적 움직임은 '초연결'을 지향하는 4차 산업 혁명의 본질과 충돌하는 모순을 보여 준다. IT가 발전하고 디지털 전환이 가속화하는 현대 사회에서 모든 데이터를 국경 안에 가두는 것은 현실적으로 불가능하다. 더구나 이러한 극단적 통제는 글로벌 디지털 혁신을 저해할 수 있다.

결국 우리는 새로운 균형점을 찾아야 하는 과제에 직면해 있다. 데이터 주권과 글로벌 혁신을 어떻게 조화시킬 것인가? 이는 단순히 기업 차원의 문제가 아닌 국제사회가 함께 고민하고 해결해야 할 시대적 과제가 되었다. 라인 야후 사태는 이러한 새로운 디지털 패권 경쟁 시대의 서막을 알리는 상징적 사건으로 기록될 것이다.

참고문헌

김민석·손엄지(2024.6.18). '네이버 위탁 종료' 라인야후…"일본인 데이터 이전 진행", 뉴스1, https://v.daum.net/v/20240618152450119

김민석 외(2024.7.2). 최수연 대표 "日자본관계 재검토 요구, 특수지위 네이버 경계 의미"(종합), 뉴스1, https://v.daum.net/v/20240702193604581

노재현(2024.5.24). "라인사태, 'IT 후진국' 일본의 강탈 욕구에서 비롯", 연합뉴스, https://v.daum.net/v/20240524143147295

정유경(2024.6.25). "일본 기술탈취" "고용 불안"…네이버 라인 사태의 '나비효과', ≪한겨레≫, https://v.daum.net/v/20240625171513211

정지은(2024.6.18). 라인야후 "네이버와 시스템 분리 앞당길 것", ≪한국경제≫, https://v.daum.net/v/20240618181403338

황정미(2024.5.19). 당신 데이터의 주인은 누구인가, ≪세계일보≫, https://v.daum.net/v/20240519112451385

Evans, D. S. & Schmalensee, R.(2016). *Matchmakers: The new economics of multisided platforms.* Harvard Business Review Press.

Kenney, M., & Zysman, J.(2016). The rise of the platform economy. *Issues in Science and Technology, 32*, 61-69.

Michael, A. C., et al.(2019). *The Business of Platforms: Strategy in the Age of Digital Competition, Innovation, and Power.* Harper Business Press.

Parker, G., et al.(2016). *Platform Revolution: How Networked Markets Are Transforming the Economy and How to Make Them Work for You.* W. W. Norton & Company Press.

Van Dijck, J., et al.(2018). *The Platform Society: Public Values in a Connective World.* Oxford University Press.

10
대한민국 데이터 주권

디지털 주권이 국가 경쟁력을 좌우하는 시대가 도래했다. 특히 AI가 산업과 사회의 핵심 동력으로 부상하면서 데이터 주권 확보는 국가의 생존과 직결되는 문제가 되었다. 한국은 세계 최고 수준의 디지털 인프라를 보유하고 있지만, 데이터 주권 측면에서는 여러 도전 과제에 직면해 있다. 이제 우리나라의 데이터 주권 현황을 냉철히 분석하고 미래를 위한 전략적 방향을 모색해야 할 시점이다.

종교와 AI?

데이터 주권의 현주소

한국의 데이터 경쟁력은 겉으로 드러나는 것보다 취약하다. 2024년 기준, 한국의 데이터 산업 규모는 세계 10위권에 머물러 있다. 특히 원천 데이터 확보와 활용 측면에서는 주요 선진국에 크게 뒤처져 있다. 이는 마치 반도체 산업에서 제조 능력은 뛰어나지만 원천 기술이 부족한 것과 유사한 구조적 취약성을 보여 준다.

해외 클라우드 의존도 심화는 특히 우려되는 지점이다. 국내 클라우드 시장의 70% 이상을 아마존, 마이크로소프트, 구글과 같은 해외 기업들이 장악하고 있다. 이는 단순한 시장 점유율 문제를 넘어, 국가 핵심 데이터의 해외 유출 위험을 내포한다. 예를 들어, 주요 공공 기관과 금융 기관의 데이터가 해외 클라우드에 저장되면서, 데이터 주권이 심각하게 침해받을 수 있는 상황이다.

개인 정보 보호와 활용의 딜레마도 심각하다. 한국은 세계에서 가장 엄격한 수준의 개인 정보 보호 제도를 가지고 있지만, 이것이 오히려 데이터 산업 발전의 걸림돌이 되고 있다. AI 발전을 위해서는 대규모 데이터 수집과 활용이 필수적이지만, 현행법 제도하에서는 이것이 매우 제한적이다. 예를 들어, 의료 AI 개발에 필수적인 환자 데이터의 활용이 거의 불가능한 상황이다.

데이터 관련 법 제도의 한계도 분명하다. 현재의 법체계는 빠르게 변화하는 디지털 환경을 따라가지 못하고 있다. 특히 '데이터 3법'으로 불리는 개인정보보호법, 정보통신망법, 신용정보법이 2020년 개정되었지만 여전히 AI 시대의 요구 사항을 충족시키지 못하고 있다. 법 제도의 미비는 기업들의 데이터 활용을 위축시키고, 결과적으로 국가 전체의 데이터 경쟁력 약화로 이어진다.

이러한 문제들은 서로 긴밀하게 연결되어 있다. 해외 클라우드 의존도가 높은 것은 국내 데이터 산업의 경쟁력이 부족하기 때문이며, 이는 다시 과도한 규제와 법 제도의 한계에서 비롯된다. 또한 개인 정보 보호와 활용의 균형을 찾지 못하는 것도 결국은 데이터 거버넌스의 미성숙을 보여 주는 증거다.

이러한 상황은 AI 시대에 더욱 심각한 문제가 될 수 있다. AI 기술의 발전이 데이터의 양과 질에 절대적으로 의존한다는 점을 고려할 때, 데이터 주권의 취약성은 곧 국가 경쟁력 약화로 이어질 수밖에 없다. 특히 미국, 중국과 같은 데이터 강국들이 자국 중심의 데이터 블록화를 강화하는 상황에서 한국의 데이터 주권 확보는 더욱 시급한 과제가 되고 있다.

데이터 주권 확보의 과제

우리나라가 데이터 주권을 확보하기 위해서는 여러 영역에서 동시다발적인 혁신이 필요하다. 이는 단순한 기술적 발전을 넘어 법 제도의 정비부터 산업 생태계 조성까지 포괄하는 총체적인 변화를 요구한다. 각각의 핵심 과제들을 체계적으로 살펴보자.

국가 데이터 정책의 개선이 시급하다. 현재의 데이터 정책은 부처별로 분산되어 있어 일관성과 효율성이 떨어진다. 예를 들어, 개인 정보 보호는 개인정보보호위원회가, 산업데이터는 산업통상자원부가, 공공 데이터는 행정안전부가 각각 담당하고 있다. 이러한 분절적 구조는 통합적인 데이터 전략 수립을 어렵게 만든다. 따라서 대통령 직속의 '국가데이터위원회' 설립이 필요하다. 이를 통해 부처 간 조율을 강화하고 일관된 데이터 정책을 추진할 수 있다.

공공 데이터의 전략적 활용도 중요한 과제다. 한국은 방대한 양의 공공 데이터를 보유하고 있지만 활용도는 매우 낮은 수준이다. 특히 의료, 교통, 환경 분야의 고품질 공공 데이터가 제대로 활용되지 못하고 있다. 예를 들어, 국민건강보험공단이 보유한 의료 데이터는 세계적으로도 독보적인 가치를 지니지만, 개인 정보 보호를 이유로 AI 학습 등에 거의 활용되지 못하고 있다. 이를 해결하기 위해서는 데이터 익명화 기술 개발과 함께 공공데이터 활용을 위한 법적 근거를 마련해야 한다.

민간 데이터 생태계 육성도 시급하다. 현재 국내 데이터 시장은 대기업 중심으로 형성되어 있어 중소기업이나 스타트업의 참여가 제한적이다. 이는 데이터 산업의 혁신을 저해하는 요인이 된다. 정부는 데이터 바우처 사업을 통해 중소기업의 데이터 활용을 지원하고 있지만 규모와 범위가 매우 제한적이다. 데이터 생태계의 건강한 발전을 위해서는 데이터 중개 플랫폼 구축, 데이터 거래 표준화, 데이터 가치 평가 체계 확립 등이 필요하다.

데이터 인프라 구축의 시급성도 간과할 수 없다. 특히 국가 차원의 데이터 센터 확보가 중요하다. 현재 한국은 데이터 센터의 해외 의존도가 매우 높은데, 이는 국가 안보 측면에서도 위험 요소가 된다. 정부는 2025년까지 국가 데이터 센터 구축을 추진하고 있지만 규모나 기술력 측면에서 글로벌 수준에 크게 미치지 못한다. 특히 AI 시대에 필요한 고성능 컴퓨팅 인프라는 더욱 부족한 실정이다.

이러한 과제들을 해결하기 위해서는 두 가지 접근이 동시에 필요하다. 첫째, 단기적으로는 현재의 문제점들을 신속하게 해결할 수 있는 실행 방안이 필요하다. 예를 들어, 데이터 3법의 개정을 통해 데이터 활용의 법적 근거를 마련하고, 공공 데이터 개방을 확대하는 등의 조치가 시급하다.

둘째, 장기적으로는 데이터 주권의 근본적 강화를 위한 전략적 투자가 필요하다. 예를 들어, 차세대 데이터센터 구축, 데이터 전문 인력 양성, 원천 기술 개발 등에 대한 지속적인 투자가 이루어져야 한다. 특히 AI 시대에 대비한 데이터 인프라 구축은 더 이상 미룰 수 없는 과제다.

이러한 과제들의 해결은 결코 쉽지 않을 것이다. 그러나 데이터 주권이 국가의 미래를 좌우한다는 점을 고려할 때 반드시 극복해야 할 사안이다. 특히 우리나라가 가진 디지털 인프라와 기술력을 고려하면, 적절한 정책과 투자가 이루어진다면 데이터 강국으로 도약할 수 있는 잠재력은 충분하다.

데이터 주권의 미래 전망

AI가 주도하는 디지털 전환의 시대에서 데이터 주권의 의미는 더욱 확장되고 있다. 이는 단순히 데이터의 물리적 통제권을 넘어 국가의 디지털 자주권과 직결되는 문제가 되었다. 특히 한국의 입장에서 데이터 주권의 미래는 국가의 운명을 좌우할 만큼 중요한 과제가 되고 있다.

AI 시대의 데이터 주권은 새로운 차원의 의미를 가진다. 과거의 데이터 주권이 주로 개인 정보 보호와 데이터 저장 위치에 초점을 맞췄다면, 이제는 AI 학습용 데이터의 확보와 통제가 핵심이 되고 있다. 예를 들어, GPT와 같은 대형 언어 모델의 등장으로 양질의 한국어 데이터 확보가 국가적 과제로 부상했다. 이는 단순한 기술의 문제를 넘어 한국의 문화적 정체성과 디지털 주권을 지키는 문제와 직결된다.

글로벌 데이터 거버넌스의 변화도 주목해야 한다. 현재 진행되고 있는 데이터 블록화 현상은 새로운 형태의 디지털 냉전을 예고한다. 미국과 중국을 중심으로 한 데이터 블록이 형성되면서, 한국과 같은 중견 국가들은 전략적 선택을 강요받고 있다. 이러한 상황에서 우리나라는 독자적인 데이터 주권을 확보하면서도 국제 협력을 통한 영향력 확대를 도모해야 하는 복잡한 과제에 직면해 있다.

국가 간 데이터 협력은 더욱 중요해질 것이다. 특히 한국은 아시아 국가들과 데이터 동맹 구축을 적극적으로 모색할 필요가 있다. 예를 들어, 일본, 싱가포르 등과 데이터 공유 협정을 통해 아시아 데이터 경제권을 형성하는 것이 하나의 방안이 될 수 있다. 이는 미중 양강 구도에서 제3의 축을 형성할 수 있는 전략적 기회가 될 수 있다.

한국의 데이터 전략은 이러한 변화를 고려한 종합적인 로드맵이 필요하다. 첫째, 국내 데이터 역량 강화를 위해 2030년까지 GDP 대비 데이터 산업 비중을 현재의 2배 수준으로 확대해야 한다. 둘째, 공공과 민간의 데이터를 통합적으로 관리할 수 있는 국가 데이터 플랫폼을 구축해야 한다. 셋째, 데이터 주권과 국제 협력의 균형점을 찾는 '데이터 동맹' 전략을 수립해야 한다.

더불어 주목해야 할 것은 데이터 주권이 단순한 경제적 가치를 넘어 국가의 문화적 정체성과 사회적 가치를 보존하는 수단이 된다는 점이다. 예를 들어, 한국어 AI 모델의 개발은 한국어와 한국 문화의 디지털 시대 생존과 직결된다. 이는 데이터 주권이 가진 문화적, 사회적 차원의 중요성을 보여 준다.

결론적으로 데이터 주권은 21세기 국가 경쟁력의 핵심이 될 것이다. 특히 한국과 같이 제조업 중심에서 디지털 경제로 전환을 모색하는 국가에게는 더욱 중요한 과제다. 우리는 지금 데이터 주권 확립이라는 역사적 과제 앞에 서 있다. 이는 도전이면서 동시에 기회다. 한국이 가진 디지털 인프라와 기술력, 그리고 혁신 역량을 결집한다면 데이터 강국으로의 도약은 충분히 가능할 것이다.

참고문헌

김현아(2024.10.14). AI의 미래, 한국의 기술 독립이 필요한 이유, ≪이데일리≫, https://v.daum.net/v/20241014183102933

서장원(2024.5.22). "AI 기술 독점 안 돼…국제사회 협력으로 부작용 막아야", 뉴스1, https://v.daum.net/v/20240522204847777

유진아(2024.12.23). 오픈AI·구글은 AGI 선점 경쟁하는데...AI격차 벌어지는 韓, ≪디지털타임스≫, https://www.dt.co.kr/contents.html?article_no=2024122302109931092001

윤현성(2024.5.22). 네이버·아마존이 본 韓 디지털 권리장전…"국민이 AI 주권 가져야", 뉴시스, https://v.daum.net/v/20240522170244008

이해인(2024.10.10). "AI 제국주의 시대, 최소한 독립국은 돼야"…하정우 센터장 인터뷰, ≪조선일보≫, https://v.daum.net/v/20241010070058235

지형철(2024.9.4). 'AI 주권'·'미래 수익' 지켜야, KBS, https://v.daum.net/v/20240904074052736

최경진(2024.5.23). AI시대의 데이터 주권과 글로벌 데이터 안전지대 주도, ≪전자신문≫,

https://v.daum.net/v/20240523160306859
Hong, S., et al.(2024). Political determinants of government transparency: Evidence from open government data initiatives. *Politics & Policy. 52.* 633–654.
Lee, K. S.(2011). *IT Development in Korea: A Broadband Nirvana?.* Routledge Press.

하두진

경기대학교 중어중문전공 조교수다. 중국 북경대학교에서 중문과 석사, 제2외국어로서의 중국어교육 박사 학위를 받고 한국외국어대학교 초빙연구원 및 서울대학교 Post-Doc 과정을 수료했다. 4차 산업 혁명 시대를 맞아 인공지능(AI)과 빅데이터를 활용한 교육 방법론에 깊은 관심을 두고 있으며, 이를 통해 미래 융복합 교육의 혁신을 추구하고 있다. 매년 트렌드 관련 저서를 집필하고 있으며, 『넥서스 인사이트 2025 중국편』, 『넥서스 인사이트 2025 한국편』, 『세상을 보는 지식』, 『알아야 보인다』 등이 출판되었다. 위 교재들은 대학 수업 교재로 활용되고 있으며 동시에 경기대학교 K-MOOC와 OCW 온라인 강의로 구현되어 있다.